Ein Wörterbuch paradoxer Weisheiten

Ein Wörterbuch paradoxer Weisheiten

Herausgegeben von
Hans-Jürgen Quadbeck-Seeger

Mit 16 Abbildungen

RECLAM
LEIPZIG

Reclam Verlag Leipzig, 2004
Reclam Bibliothek Leipzig, Band 20112
2. Auflage, 2005
Reihengestaltung: Gabriele Burde
Umschlaggestaltung: Gabriele Burde
Autorenfoto: privat
Gesetzt aus ITC Slimbach
Satz: Reclam Verlag, Leipzig
Druck und Bindung: Reclam, Ditzingen
Printed in Germany
ISBN 3-379-20112-X

www.reclam.de

Denken und Sein werden vom Widerspruch bestimmt.
Aristoteles

Der Geist des Widerspruchs und die Lust zum Paradoxon steckt in uns allen. *Johann Wolfgang von Goethe*

Ein Paradoxon ist, wenn die Logik mit dem falschen Fuß beginnt. *Johann G. A. Galetti*

Der Weg des Paradoxes ist der Weg zur Wahrheit. Um die Wirklichkeit zu prüfen, muss man sie auf dem Seil tanzen lassen. Wenn Wahrheiten zu Akrobaten werden, kann man sie beurteilen. *Oscar Wilde*

Wer dem Paradoxon gegenübersteht, setzt sich der Wirklichkeit aus. *Friedrich Dürrenmatt*

Jede präzise Definition der Welt muss ein Paradoxon sein.
Stanisław Jerzy Lec

Paradoxon: Bezeichnung für eine scheinbar alogische, unsinnige, widersprüchliche Behauptung, die aber bei genauerer gedanklicher Analyse auf eine höhere Wahrheit hinweist.
Meyers Taschenlexikon

Aberglaube

Dass Glaube etwas ganz andres sei als Aberglaube, ist unter allem Aberglauben der größte. *Karlheinz Deschner*

Abgrund

Gestern standen wir am Abgrund, heute sind wir einen guten Schritt weiter. *»Geflügeltes Wort«*

Abnormität

Ich, Karl Valentin, ein Münchner Komiker, bin Sohn eines Ehepaares. Aus Gesundheitsrücksichten erlernte ich im Alter von zwölf Jahren die Abnormität. *Karl Valentin*

Abrechnen

Mit jemandem so richtig abrechnen lässt sich nur in Worten. *Q.-S.*

Absahnen

Auch Kalorienbewusste wollen absahnen. *Michael Rumpf*

Abscheu

Ich kann mich gar nicht satt ekeln. *Fritz Kortner*

Abschied

Abschied ist die innigste Weise menschlichen Zusammenseins. *Hans Kudszus*

Ein Abschied schmerzt immer, auch wenn man sich schon lange darauf freut. *Arthur Schnitzler*

Absurd

Wer sich an das Absurde gewöhnt, findet sich in unserer Zeit zurecht. *Eugène Ionesco*

Abwechslung
Paradoxon der modernen Erlebnisgesellschaft: Wenn Abwechslung zur Gewohnheit wird. *Q.-S.*

Achtsam
Ein Gentleman ist ein Mann, der einen anderen nie unabsichtlich beleidigt. *Oscar Wilde*

Aktien
Fieberkurve, deren Fallen Krankheit signalisiert.
Ron Kritzfeld

Alchimisten
Die Alchimisten suchten nicht nur den Stein der Weisen, sondern auch Alkahest, das sollte ein Lösungsmittel sein, in dem sich alles auflöste. Aber worin sollte man dieses aufbewahren können? *Unbekannt*

Alkohol
Er war ein Alkoholiker reinsten Wassers. *Volksmund*

Alle haben Probleme mit dem Alkohol, nur ich habe Probleme ohne Alkohol. *Unbekannt*

Alleinsein
Im Kaffeehaus sitzen Leute, die allein sein wollen, aber dazu Gesellschaft brauchen. *Alfred Polgar*

Alter
Viele Menschen werden deshalb nicht achtzig, weil sie zu lange versuchen, vierzig zu bleiben. *Salvador Dalí*

Ja, ja, lang leben will halt alles, aber alt werden will kein Mensch. *Johann Nepomuk Nestroy*

Das Alter ist da, wenn man zu sagen anfängt: Nie habe ich mich so jung gefühlt. *Jules Renard*

Wenn jemand zu einem sagt, man sei nicht mehr der Alte, dann meint er in Wirklichkeit, dass man nicht mehr der Jüngste ist. *Heinz Rühmann*

Ich bin zu alt, um alles zu wissen. *Julian Tuwim*

Altphilologe

Als ein Altphilologe stirbt und zu Grabe getragen wird, rühmt der Pfarrer, dass er drei tote Sprachen gesprochen habe. Worauf einer der Gäste murmelt: »Die wird er jetzt ja brauchen können.« *Unbekannt*

Analphabeten

Selbst Analphabeten lassen sich nicht alles vorschreiben. *Wolfgang Eschker*

Anfang

Aller Anfang ist schwer. Beginnen wir mit dem Ende. *Wolfgang Eschker*

Angst

Es ehrt unsere Zeit, dass sie genügend Mut aufbringt, Angst vor dem Krieg zu haben. *Albert Camus*

Vor einem Menschen ohne Angst muss man Angst haben. *Lebensweisheit*

Die Angst ist ein Antrieb, der bremst. Q.-S.

Anpassung

Anpassung ist die Stärke des Schwachen. *Wolfgang Herbst*

Antiautoritär

Frage im Kindergarten: Müssen wir heute wieder tun, was wir wollen? *Unbekannt*

Antiquitäten

Kunde zum Antiquitätenhändler: »Was gibt es Neues?« *Redensart*

Apathie

Was ist Apathie? Weiß ich nicht und interessiert mich auch nicht. *Szene-Spruch*

Aphorismus

Einen Aphorismus zu schreiben, wenn man es kann, ist oft schwer. Viel leichter ist es, einen Aphorismus zu schreiben, wenn man es nicht kann. *Karl Kraus*

Arbeit

Müde macht uns die Arbeit, die wir liegen lassen, nicht die, die wir tun. *Marie von Ebner-Eschenbach*

Der Versuch, beschäftigt zu wirken, wenn man es nicht ist, ist die schwerste Aufgabe von allen. *William Feather*

An nichts gewöhnt man sich so schnell wie an das langsame Arbeiten. *Ernst R. Hauschka*

Wer nichts tut, weiß nie genau, wann er fertig ist. *Büro-Spruch*

Das Paradoxon der Arbeit:
20 % der Mitarbeiter machen 80 % der Arbeit, aber 80 % glauben, zu diesen 20 % zu gehören. Q.-S.

Arbeitsplatz

Neuerdings qualifiziert sich ein Arbeitsplatz hauptsächlich durch seinen Freizeitwert. *Johannes Gross*

Armut

Armut is' ohne Zweifel das Schrecklichste. Mir dürft' einer zehn Millionen herlegen und sagen, ich soll arm sein dafür, ich nehm's nicht. *Johann Nepomuk Nestroy*

Bescheiden wie ein Armer zu leben, macht nur Vergnügen, wenn man reich ist. *Pablo Picasso*

Der Reiche: »Was bräuchten Sie denn?«
Der Arme: »O mei, so wenig ham Sie garnet, wia i brauchat!« *Bernhard Pollak*

Der Armut fehlt vieles, dem Geiz alles. *Seneca*

Die sicherste Art, arm zu werden, ist, reich scheinen zu wollen. *Volksweisheit*

Arroganz

Arroganz ist das Selbstbewusstsein des Minderwertigkeitskomplexes. *Jean Rostand*

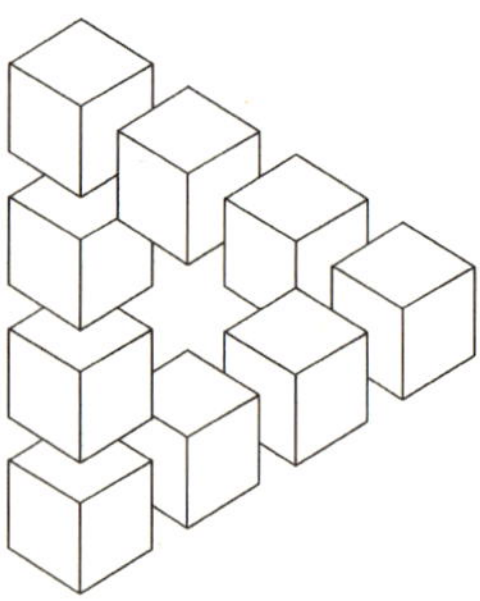

Die höchste Arroganz besteht darin, sie gar nicht zu zeigen.

Voltaire

Arzt

Wenn ein Arzt hinter dem Sarg seines Patienten geht, so folgt manchmal tatsächlich die Ursache der Wirkung.

Robert Koch

Astrologie

Der Science-Fiction-Schriftsteller Arthur Clarke antwortet auf eine Anfrage: »Ich glaube nicht an die Astrologie. Ich bin Schütze, und Schützen sind skeptisch.«

zitiert von Johannes Gross

Atempause

Ausgerechnet die Atempause ist dazu da, tief Luft zu holen.

Gerhard Uhlenbruck

Atheist

Ich bin immer noch Atheist, Gott sei's gedankt!

Luis Buñuel

Ich danke es dem lieben Gott tausendmal, dass er mich zum Atheisten hat werden lassen. *Georg Christoph Lichtenberg*

Atheismus ist ein Zeichen, dass man die Religion ernst nimmt. *Karl R. Popper*

Atomkrieg

Atomkrieg ist der Vater des totalen Friedens. *Ron Kritzfeld*

Aufgabe

Die Aufgabe, die Sie mir übertragen wollen, ist so schwierig, dass ich nicht wage, sie abzulehnen. *Ernest Starling*

Aufgeben

»Sie rauchen doch hoffentlich.« - »Nein.« - »Schade.« - »Wieso schade?« - »Weil Sie dann etwas für Ihre Gesundheit hätten tun können.« *Unbekannt*

Aufholen

Je früher man zurückfällt, desto mehr Zeit hat man zum Auf holen. *Maxime*

Augenblick

Nur wer für den Augenblick lebt, lebt für die Zukunft. *Heinrich von Kleist*

Ausdauer

Ausdauer ist Geduld in Aktion. *Q.-S.*

Ausnahme

Es ist traurig, eine Ausnahme zu sein. Aber noch viel trauriger ist es, keine zu sein. *Peter Altenberg*

Die Ausnahme bestätigt die Regel, dass es Ausnahmen von der Regel gibt. *Gerhard Uhlenbruck*

Lehrer: »Keine Regel ohne Ausnahme!« - Schüler: »Dann hat diese Regel doch auch eine Ausnahme?« *Schüler-Spruch*

Ausrede

»Ihre Argumente sind wirklich schwach. Für solche faulen Ausreden müssen Sie sich einen Dümmeren suchen, aber den werden Sie kaum finden.« *Aus einem Unfallprotokoll*

Auto
Das Auto ist ein Mittel der Technik, das uns in Stand setzt, in der Regel viel schneller und bequemer die nächste Reparaturwerkstatt zu erreichen, als wir das zu Fuß vermöchten.

Helmar Nahr

Autofahrer
Polizist: »Warum sind Sie eben so über die Kreuzung gerast?« – Autofahrer: »Weil ich Angst habe vor rücksichtslosen Fahrern.« *Unbekannt*

Achtzig Prozent der Autofahrer halten sich für überdurchschnittlich. *Volksweisheit*

Autor
Wenn einem Autor der Atem ausgeht, werden seine Sätze nicht kürzer, sondern länger. *John Steinbeck*

Bank
Eine Bank lebt von den schlechten Geschäften, die sie unterlässt. *Hermann Josef Abs*

Bankier
Ein Bankier ist ein Mensch, der seinen Schirm verleiht, wenn die Sonne scheint, und ihn sofort zurückhaben will, wenn es zu regnen beginnt. *Mark Twain*

Bankkonto
Ein Bankkonto ist eine Einrichtung, die man durch Belastung erleichtert. *Ron Kritzfeld*

Bedeutung
Was ist die Bedeutung von Bedeutung? *Paul Lorenzen*

Begehren

Was in der Reichweite der Menschen liegt, bewegt sie nicht; was ihnen unerreichbar ist, begehren sie.

Niccolò Machiavelli

Begeistern

Es ist leichter, die Masse zu begeistern als eine Minderheit.

Rupert Schützbach

Begnügen

Sich mit wenigem begnügen ist schwer, sich mit vielem begnügen unmöglich. *Marie von Ebner-Eschenbach*

Begreifen

Ich hätte viele Dinge begriffen, hätte man sie mir nicht erklärt. *Stanisław Jerzy Lec*

Wir müssen begreifen, dass wir uns unbegreiflich sind.

nach Blaise Pascal

Einzusehen, dass man etwas nicht begriffen hat, erfordert mitunter mehr Verstand, als nötig wäre, es zu begreifen.

Karl Heinrich Waggerl

Behauptungen

Widersinnige Behauptungen sind nützlich: sie lenken die Aufmerksamkeit auf Ideen. *Mandell Creighton*

Beherrschung

Man muss sich dauernd beherrschen, um die Beherrschung nicht zu verlieren. Auch das ist eine Form von Stress.

Gerhard Uhlenbruck

Bekanntschaft

Ich habe einen Bekannten, der einen Bekannten hat. Also dieser Unbekannte von mir … *Karl Valentin*

Bekommen

Wer immer bekommt, was er will, will nicht mehr, was er bekommt. *Elmar Gruber*

Bemühung

Wenn er sich ernsthaft bemüht, ist ihm fast alles unmöglich. *Alfred Mohler*

Nur die fortgesetzte Bemühung bewirkt Mühelosigkeit. *Robert Walser*

Beobachtung

Sie beobachten mich durch ein Vergrößerungsglas: um mich klein zu kriegen. *Stanisław Jerzy Lec*

Bereuen

Ich bereue nichts. So Leid es mir auch tut. *Werner Mitsch*

Von einem bestimmten Alter an bereut man nur noch das, was man nicht getan hat. *Lebenserfahrung*

Beruf

Das Wichtigste im Leben ist die Wahl eines Berufes. Der Zufall entscheidet darüber. *Blaise Pascal*

Man kann seinen Beruf auch verfehlen, indem man ihn ausübt. *Karl Heinrich Waggerl*

Bescheidenheit

Bescheidenheit ist eine maßlos übertriebene Tugend. *John Kenneth Galbraith*

Übertriebene Bescheidenheit ist auch Eitelkeit.
August von Kotzebue

Die Bescheidenheit des menschlichen Geistes ist unersättlich. *Karl Kraus*

Bescheiden wie ein Armer zu leben, macht nur Vergnügen, wenn man reich ist. *Pablo Picasso*

Falsche Bescheidenheit kann richtige Arroganz sein.
Gerhard Uhlenbruck

Ich bin stolz darauf, bescheiden zu sein. *Unbekannt*

Beschränktheit

Er war von grenzenloser Beschränktheit. *Redensart*

Beschweren

Wer sich beschwert, fühlt sich erleichtert. *Unbekannt*

Besitz

Je mehr wir haben, desto mehr haben wir zu wenig.
Rolf Böhme

Heutzutage hat keiner genug, weil jeder zu viel hat.
Karl Heinrich Waggerl

Besonderes

Etwas Besonderes zu sein, ist heute schon nichts Besonderes mehr. *Gerhard Uhlenbruck*

Bewusstsein

Bewusstsein ist das, was es nicht ist, und ist nicht das, was es ist. *Jean-Paul Sartre*

Bezahlen
Wir bezahlen ihm zwar zu viel, aber er ist es wert.
Samuel Goldwyn

Beziehungen
Gute Beziehungen schaden nur dem, der sie nicht hat.
Lothar Schmidt

Zwischenmenschliche Beziehungen sind »mit Abstand« die besten. *Gerhard Uhlenbruck*

Bigamie
Die Bigamie ist der Versuch, ein Übel zu verkleinern, indem man es verdoppelt. *Helmar Nahr*

Bildung
Ich bin vielseitig ungebildet. *Robert Musil*

Halbbildung ist nicht Bildung auf halbem Wege, sondern in die verkehrte Richtung. *Q.-S.*

Bleistift
Das ist so, als ob ich versuchte, mit einem Bleistift den Schatten nachzuziehen, den dieser Bleistift selbst wirft.
Nathanael West

Blumen
Ich habe heute ein paar Blumen für dich nicht gepflückt, um dir ihr Leben mitzubringen. *Christian Morgenstern*

Börse
An der Börse ist alles möglich, auch das Gegenteil.
André Kostolany

Bogenschütze
Ein Bogenschütze soll nicht hin und wieder treffen, sondern hin und wieder danebenschießen. *Seneca*

Brandschutz

Hydrant vor dem Haus, Feuerlöscher auf jedem Stockwerk und in jedem Zimmer Löschpapier.

Aus einem Studentenheim

Buch/Bücher

Man sollte auch gute, ja ausgezeichnete Bücher verbieten, bloß damit sie mehr gelesen werden. *Albert Camus*

Schreiben ist das einzige Verbrechen, bei dem sich der Täter bemüht, Spuren zu hinterlassen. *Gabriel Laub*

Das Buch, das in der Welt am ersten verboten zu werden verdiente, wäre ein Katalogus von verbotenen Büchern.

Georg Christoph Lichtenberg

Auch das schlechteste Buch hat seine gute Seite: die letzte.

John Osborne

Das beste Buch ist das unterlassene. *Walter Serner*

Es gibt Bücher, deren Vorteil darin liegt, dass man ohne sie auskommt. *George Bernard Shaw*

Oscar Wilde bemerkte an einem Buch über italienische Literatur »einen Mangel an Kenntnissen, der das Ergebnis jahrelanger Studien sein muss«. *Oscar Wilde*

Dieses Buch enthält keine Irrtümer, außer diesem hier.

Sinnspruch

Buddhismus

Als ich eine Anthologie religiöser Texte aufschlug, stieß ich auf den ersten Anhieb auf das Wort Buddhas: »Nichts ist wert, dass man es begehrt.« – Ich habe das Buch sofort wieder zugemacht; denn was sollte ich danach noch lesen?

Emile Michael Cioran

Bürgschaft

»Mein Freund kann für mich bürgen.« - »Und woher wissen wir, dass er vertrauenswürdig ist?« - »Oh, das kann ich Ihnen versichern.« *Unbekannt*

Bürokraten

Bürokraten bekämpft man am besten, indem man ihre Vorschriften genau befolgt. *Cyril Northcote Parkinson*

Die Ablehnung ist das Erfolgserlebnis der Bürokraten. Q.-S.

Bürokratie

»Zum Abbau der Bürokratie fehlten uns die nötigen Beamten.« *Ein Minister*

Chance

Chancengleichheit ist die Chance, der Ungleichheit eine Chance zu geben. Q.-S.

Chaos

Auch ein perfektes Chaos ist etwas Vollkommenes. *Jean Genet*

Und aus dem Chaos sprach eine Stimme zu mir: »Lächle und sei froh, es könnte schlimmer kommen.« - Und ich lächelte und war froh, und es kam schlimmer. *Unbekannt*

Die Chaoswissenschaft ist die Disziplin von der Unordnung. *Definition*

Das Chaos ist der von der Natur bevorzugte Ordnungszustand. *Q.-S.*

Charakter

Im Fasching pflegen sich viele bereits zu entlarven, wenn sie in ein Kostüm schlüpfen. *Sigmund Graff*

Das Charakteristische mancher Leute besteht darin, dass sie keinen Charakter haben. *Volksweisheit*

Chef

»Wie ist Ihr Chef?« - »Ziemlich ausgeglichen - er ist immer grantig.« *Definition*

Choleriker

Choleriker sind Menschen, die umso roher werden, je mehr sie kochen. *Volksweisheit*

Computer

Computer sind die klügsten Idioten, die es gibt.

Norman Mailer

Mit dem Computer geht alles schneller, es dauert nur etwas länger. *Büro-Weisheit*

D

Dagegen sein

Ich bin fürs Dagegensein. *Szene-Spruch*

Dankbarkeit

Wir sind für nichts so dankbar wie für Dankbarkeit.

Marie von Ebner-Eschenbach

Dankbarkeit wäre für die meisten Menschen eine Selbstverständlichkeit, wenn sie nicht dazu verpflichtet wären.

Françoise Sagan

Dasein

Lehrer: »Der Sinn unseres Daseins ist es, anderen zu helfen.« - Schüler: »Ist das der Sinn, warum die anderen da sind?«

Unbekannt

Dasselbe

Das Weltgeschehen ist jedes Mal dasselbe, nur jedes Mal anders. *Arthur Schopenhauer*

Delirium

»Ihr Mann leidet an Delirium tremens.« - »An was?« - »An Säuferwahn.« - »Niemals, Herr Doktor, der säuft wirklich!«

Unbekannt

Demokratie

Die Demokratie setzt die Vernunft des Volkes voraus, die sie erst hervorbringen soll. *Karl Jaspers*

Ein Demokrat ist ein freier Bürger, der sich dem Willen der Mehrheit beugt. *Ephraim Kishon*

Demokratie ist die Diktatur der Mehrheit. *Werner Mitsch*

Demut

Wenn der Stolze sich zur Demut gezwungen hat, dann ist er stolz darauf. *nach Benjamin Franklin*

Demut zeigt, wer Demütigungen vermeiden will.

Lothar Schmidt

Denken

Nichts ist so undenkbar wie das Denken, es sei denn die völlige Abwesenheit des Denkens. *Samuel Butler*

Das gesamte moderne Denken ist von der Idee durchdrungen, das Undenkbare denken zu wollen. *Michel Foucault*

Haben Sie noch nie bemerkt, dass bei jedem Gedanken, wenn man ihn zu Ende denkt, das Gegenteil herauskommt?
Henrik Ibsen

Menschen mögen Gedanken, die nicht zum Denken zwingen. *Stanisław Jerzy Lec*

Bedenke, bevor du denkst. *Stanisław Jerzy Lec*

Mancher wird nur deshalb kein Denker, weil sein Gedächtnis zu gut ist. *Friedrich Nietzsche*

Die kürzesten Wörter, nämlich »ja« und »nein«, erfordern das meiste Nachdenken. *Pythagoras*

Diät

Die erfolgreichste Schlankheitsdiät besteht darin, mehr und mehr weniger und weniger zu essen. *Unbekannt*

Kundin zum Bäcker: »Ich habe zwar Ihr Diätbrot gegessen, aber abgenommen habe ich davon nicht.« – Bäcker: »Sie müssen mehr davon essen!« *Unbekannt*

Diagnose

Eine der verbreitetsten Krankheiten ist die Diagnose.
Karl Kraus

Dichter

Keine Zeit bedarf so sehr des Dichters wie jene, die ihn entbehren zu können glaubt. *Jean Paul*

Diktatur

Mit einer Diktatur kann man die Demokratie am wirksamsten durchsetzen. *Zarko Petan*

Alle unterdrückten Völker hoffen, dass ihre Diktatoren einmalig sind. *Unbekannt*

In einer Diktatur werden die wenigen kostbaren Freiheiten von der Polizei bewacht. *Q.-S.*

Dinge

Man muss die Dinge so tief sehen, dass sie einfach werden.
Konrad Adenauer

Von Dingen, die einem fehlen, kann man nie genug haben.
Werner Mitsch

Doktorarbeit

Das Einzige an der Doktorarbeit, was von mir ist, ist die ehrenwörtliche Versicherung, dass sie von mir ist.
Kurt Tucholsky

Dolch

Ein Dolch ohne Stiel, an dem die Klinge fehlt.
Georg Christoph Lichtenberg

Dummheit

Dummheit ist auch eine natürliche Begabung.
Wilhelm Busch

Es ist unglaublich, wie viel Geist in der Welt aufgeboten wird, um Dummheiten zu beweisen. *Christian Friedrich Hebbel*

Die gefährlichste Sorte von Dummheit ist ein scharfer Verstand. *Hugo von Hofmannsthal*

Nichts fällt einem von selbst zu. Auch die Dummheit muss man erst machen. *Stanisław Jerzy Lec*

Dumme denken richtig – aber in die falsche Richtung.
Zarko Petan

Um richtig dumm zu sein, braucht man ein gewisses Maß an Schlauheit. *Joseph A. Schumpeter*

Die Dummheit ist die sonderbarste aller Krankheiten. Der Kranke leidet niemals unter ihr. Aber die anderen.
Paul-Henri Spaak

Leute, die keine Dummheiten machen, sind in der Regel zu dumm dazu. *Karl Heinrich Waggerl*

Dunkelheit

Das Dunkel ist Licht genug. (Theaterstück) *Christopher Fry*

Im Dunkeln ist schon manches ans Licht gekommen.
Volksweisheit

Im Keller trage ich immer meine alte Brille, denn da ist es sowieso dunkel. *Unbekannt*

Durchschnitt

Dem Künstler fehlt das Talent zum Durchschnittsmenschen.
Werner Mitsch

Ich halte mich für einen durchschnittlichen Menschen, mit der Ausnahme, dass ich mich für einen durchschnittlichen Menschen halte. *Michel de Montaigne*

Durst

Nichts schadet dem Durst mehr als Trinken. *Trinkspruch*

Ehe

Phänomenal, wie sich die kinderlosen Ehen vermehren.
Wolfgang Eschker

Das Geheimnis einer glücklichen Ehe besteht darin, dass man einander verzeiht, sich gegenseitig geheiratet zu haben.
Sacha Guitry

Richtig verheiratet ist erst der Mann, der jedes Wort versteht, das seine Frau nicht gesagt hat. *Alfred Hitchcock*

Gibt's eine kommodere Gelegenheit, eine Verhasste unglücklich zu machen, als wenn man's heirat'?
Johann Nepomuk Nestroy

Zu einer glücklichen Ehe gehören meistens mehr als zwei Personen. *Oscar Wilde*

Ehrfurcht

Sei wenigstens mein Feind – so spricht die wahre Ehrfurcht, die nicht um Freundschaft zu bitten wagt. *Friedrich Nietzsche*

Eigennutz

Der Eigennutz spricht alle Arten von Sprachen und spielt alle Rollen, selbst die der Selbstlosigkeit. *La Rochefoucauld*

Einbrecher

Einbrecher neigen zum Ausbrechen. *Unbekannt*

Einfachheit

Was einfach ist, ist immer falsch. Was nicht einfach ist, ist unbrauchbar. *Paul Valéry*

Suche das Einfache und misstraue ihm.
Alfred North Whitehead

Nichts ist einfacher, als es sich schwer zu machen.
Volksweisheit

Einfall

Er hatte immer ausgefallene Einfälle. *Redensart*

Wem nichts mehr einfällt, der sollte sich darüber mal Gedanken machen. *Q.-Ş.*

Einsamkeit

Die Einsamkeit ist schön, aber man braucht immer wieder jemanden, der einem sagt, dass sie schön ist.
Honoré de Balzac

Einsamkeit, wie bist du übervölkert. *Stanisław Jerzy Lec*

Niemals fand ich eine geselligere Gesellschaft als die Einsamkeit. *Henry David Thoreau*

Wer die Einsamkeit fürchtet, sollte nicht heiraten.
Anton Tschechow

Eitelkeit

Er ist stolz darauf, nicht eitel zu sein. *Alfred Mohler*

Eltern

Er schämt sich seiner Eltern, weil sie genauso waren wie er.

Johannes Gross

Emanzipation

Den Prozess, durch den sich die Freiheit des verheirateten Mannes wiederherstellt, nennt man Emanzipation der Frau.

Johannes Gross

Ende

Wer am Ende ist, kann wenigstens neu anfangen.

Szene-Spruch

Entdeckung

Unter allen menschlichen Entdeckungen sollte die Entdeckung der Fehler die wichtigste sein. *Stanisław Jerzy Lec*

Enthaltsamkeit

Enthaltsamkeit ist das Vergnügen an Dingen, welche wir nicht kriegen. *Wilhelm Busch*

Ich habe immer meine Zustimmungen und meine Phobien bereut! Warum habe ich mich nicht in die Orgie des Enthaltens gestürzt! *Emile Michael Cioran*

Nur von der Enthaltsamkeit kann er sich enthalten.

Jean Paul

Manches Vergnügen besteht darin, dass man mit Vergnügen darauf verzichtet. *Peter Rosegger*

Entscheidung

Wenn du eine Entscheidung treffen musst und triffst sie nicht, ist das auch eine Entscheidung. *William James*

Die kleinen Entscheidungen fällt der Mensch mit dem Großhirn, die großen mit dem Kleinhirn. Q.-S.

Entschuldigung

»Sollte ich vergessen haben, einen der Anwesenden zu beleidigen, so bitte ich sehr um Entschuldigung.«

Johannes Brahms

Entsetzen

Nichts ist entsetzlicher am heutigen Menschen, als dass er sich nicht mehr entsetzt. *Karlheinz Deschner*

Entspannung

Entspannen sollte man sich immer dann, wenn man keine Zeit dazu hat. *Lebensweisheit*

Enttäuschung

Enttäuschung: Befreiung von Täuschung. *Ron Kritzfeld*

Ereignisse

Die größten Ereignisse sind unsere stillsten Stunden.

Friedrich Wilhelm Nietzsche

Erfahrung

Erfahrung ist jener kostbare Besitz, der uns befähigt, einen Fehler sofort zu erkennen, wenn wir ihn immer wieder machen. *Danny Kaye*

Hat man genügend Erfahrungen gesammelt, ist man zu alt, um sie auszuführen. *William Somerset Maugham*

Fehler vermeidet man, indem man Erfahrung sammelt. Erfahrung sammelt man, indem man Fehler macht.

Laurence J. Peter

Wir lernen aus Erfahrung, dass die Menschen nichts je aus Erfahrung lernen. *George Bernard Shaw*

Die nützlichsten Erfahrungen, die man macht, sind die schlechten. *Thornton Wilder*

Erfolg

Das Geheimnis des Erfolgs? Sich nie damit zufrieden geben, dass man zufrieden ist. *Ray Conniff*

Manch einer verdankt seinen Erfolg den Ratschlägen, die er von anderen nicht angenommen hat. *Franz Molnár*

Erfüllung

Ich hatte einen Wunsch, zur Erfüllung war er mir zu schade. *Ben Witter*

Erholung

Nirgends strapaziert sich der Mensch mehr als bei der Jagd nach Erholung. *Lawrence Sterne*

Erinnerung

Man hat es so leicht, seine Erinnerungen zu schreiben, wenn man ein schlechtes Gedächtnis hat. *Arthur Schnitzler*

Erkennen

Was einer von mir hält, daran erkenne ich ihn. *Karl Heinrich Waggerl*

Erkenntnis

Der Augenblick der Erkenntnis seiner Unbegabung war ein Geistesblitz. *Stanisław Jerzy Lec*

Erklärung

Wer die Andeutung nicht versteht, der braucht auch keine Erklärung. *Guido Ceronetti*

Ernst

Je mehr ein Mensch des ganzen Ernstes fähig ist, desto herzlicher kann er lachen. *Arthur Schnitzler*

Man kann sich das Leben auch durch zu großen Ernst verscherzen. *Peter Sirius*

Ernst nehmen

Ein Mann wirkt am Lächerlichsten, wenn er sich ernst nimmt. *Honoré de Balzac*

Wenn man Spaß an einer Sache hat, dann nimmt man sie auch ernst. *Gerhard Uhlenbruck*

Erstklassig

Es ist mehr als erstklassig - es ist zweitklassig.

Samuel Goldwyn zugeschrieben

Erziehung

Wer bloß gut erzogen ist, widerspricht anderen. Wer weise ist, widerspricht sich selbst. *Oscar Wilde*

Essen

Meine Lieblingsspeise ist das Essen. *Ephraim Kishon*

Alles, was man nicht isst, bekommt einem am besten.

Volksweisheit

Evolution

Das Wesentliche an der Existenz des Menschen ist seine Fähigkeit, sich nicht anzupassen.

Karl Heinrich Waggerl

Ewigkeit

Die Ewigkeit kann verdammt lang werden, besonders gegen Ende zu. *Woody Allen*

Am Anfang war die Ewigkeit. *Werner Mitsch*

Experten

Ein Experte ist ein Mann, der hinterher genau sagen kann, warum seine Prognose nicht gestimmt hat.

Winston Churchill

Für den Experten ist das Detail das Wesentliche. *Q.-S.*

F

Fähigkeit

Die Universität bringt alle Fähigkeiten, einschließlich der Unfähigkeit, hervor. *Anton Tschechow*

Wer zu allem fähig ist, braucht wenig zu können.

Volksweisheit

Fälschung

Die Fälschung unterscheidet sich vom Original dadurch, dass sie echter aussieht. *Ernst Bloch*

Fallen

Man fällt nicht, weil man schwach ist, sondern weil man meint, dass man stark ist. *Jüdisches Sprichwort*

Falsch

Sokrates: »Was Platon gleich sagen wird, ist falsch!«
Platon: »Sokrates hat wahr gesprochen!«

Version aus dem Mittelalter

Wie man's macht, is et falsch. Und macht man's falsch, is et ooch nich richtig. *Berliner Spruch*

Falten

Ich habe den Kampf gegen die Falten aufgegeben, weil nichts so viele Falten macht wie der Kampf gegen die Falten.

Liv Ullmann

Familie

Die christliche Familie ist kaum Gottes Erfindung. Lebte er sonst allein? *Nikolaus Cybinski*

Fanatiker

Fanatiker lassen sich schon aus Überzeugung nicht überzeugen. *Gerhard Uhlenbruck*

Farbe

Rote Rosen absorbieren alle Farben außer Rot; Rot ist also die einzige Farbe, die rote Rosen nicht haben.

Aleister Crowley

Die Kunst, in grellen Farben schwarz zu sehen, wird von Pessimisten beherrscht. *Q.-S.*

Faulenzer

Die Faulenzer sind die eigentlichen Wohltäter der Menschheit. Denkt daran, wie viel Unheil allein durch Nichtstun verhindert worden ist. *Georges Mikes*

Feder

Leicht ist die Feder, aber aufs Dach werfen kannst du sie nicht. *Russisches Sprichwort*

Fehlen

Woran es fehlt: Von allem ein bisschen weniger.

Oliver Hassencamp

Fehler

Der sich gar zu leicht bereit findet, seine Fehler einzusehen, ist selten der Besserung fähig.

Marie von Ebner-Eschenbach

Intelligente Fehler zu machen, ist eine große Kunst.

Federico Fellini

Der Hauptfehler des Menschen ist, dass er so viele kleine hat.

Jean Paul

Einer der größten Fehler ist es, ständig in der Angst zu leben, einen Fehler zu machen. *Georg Christoph Lichtenberg*

Das Einzige, das dem Vollkommenen fehlt, sind die Fehler.

Werner Mitsch

Feiglinge

Viele Leute wären Feiglinge, wenn sie nur genug Mut dazu hätten. *Thomas Fuller*

Feind

Je mehr du dich selbst liebst, je mehr bist du dein eigener Feind. *Marie von Ebner-Eschenbach*

Vorwärts, der Feind steht hinter uns! *Wolfgang Eschker*

Ein wahrer Feind verlässt dich nie. *Stanisław Jerzy Lec*

Mache dir niemanden zum Feind, wenn er nicht würdig wäre, dein Freund zu sein. *Karl Heinrich Waggerl*

Versäume nie, deinem Feind zu verzeihen – nichts wird ihn mehr ärgern. *Oscar Wilde*

Ferne
O Ferne, du meine Heimat. *Christian Morgenstern*

Fernsehen
Fernsehen bildet. Immer, wenn der Fernseher an ist, gehe ich in ein anderes Zimmer und lese. *Groucho Marx*

Finden
Ich will nicht wissen, was Sie gefunden haben, sagen Sie mir bitte, was Sie nicht gefunden haben.
Robert Wilhelm Bunsen

Finsternis
Man drückt lieber ein Auge zu, als dass man die Finsternis sähe. *Jean Paul*

Fisch
Ein Fisch ist umso delikater, je weniger er nach Fisch schmeckt. *Gourmet-Regel*

Flecken
Auf einer schmutzigen Weste sind die weißen Flecken verdächtig. *Q.-S.*

Fliegen
Das einzig Gefährliche am Fliegen ist die Erde.
Wilbur Wright

Flirten
Beim Flirten hofft man, dass das, was man im Spaß sagt, vom anderen ernst genommen wird. *Gerhard Uhlenbruck*

Fluchen
Warum, zum Teufel, fluchen die Menschen eigentlich?
Werner Mitsch

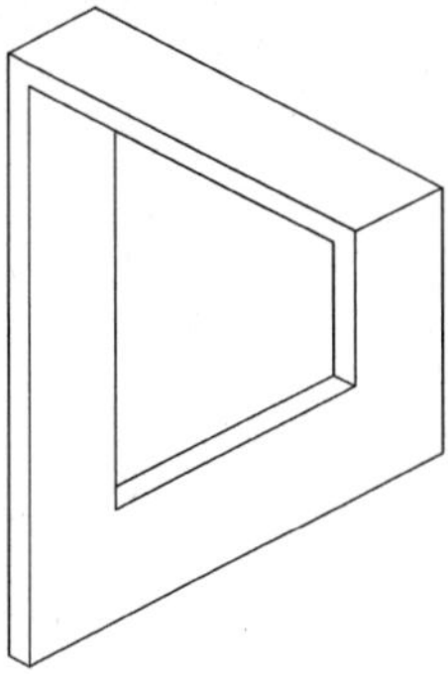

Forschung

Forschung ist, wenn ich etwas tue, ohne zu wissen, was ich eigentlich tue. *Wernher von Braun*

Forschen heißt, immer mehr Unwissen entdecken. *Ron Kritzfeld*

Fortpflanzung

Wieso »pflanzen« sich Tiere fort? *Unbekannt*

Fortschritt

Der wahre Fortschritt besteht darin, dass man im Vorwärtseilen nach der Stelle ausschaut, auf der man stehen bleiben kann. *Gilbert Keith Chesterton*

Mal kein Fortschritt – das wär' einer! *Oliver Hassencamp*

In einer Sackgasse kann der Rückschritt ein Fortschritt sein. *Gerhard Uhlenbruck*

Der Fortschritt macht es immer komplizierter, einfach zu leben. *Szene-Spruch*

Dem Fortschritt verdanken wir die Nostalgie. *Q.-S.*

Foto

Je älter das Foto, desto jünger sieht man aus. *Volksweisheit*

Frage

Keine Frage ist auch eine Antwort. *Norbert Stoffel*

Wir fühlen, dass selbst wenn alle möglichen wissenschaftlichen Fragen beantwortet sind, unsere Lebensprobleme noch gar nicht berührt sind. Freilich bleibt dann eben keine Frage mehr; und eben dies ist die Antwort.

Ludwig Wittgenstein

Frankreich

Die französische Nation misst ihre Größe an dem Vakuum, das entstehen würde, wenn es sie nicht gäbe.

François Mauriac

Frauen

Ich war immer der Meinung, dass jede Frau verheiratet sein sollte, aber kein Mann sollte es sein. *Benjamin Disraeli*

Frauen inspirieren uns zu großen Dingen und hindern uns dann, sie auszuführen. *Alexandre Dumas d. J.*

Eine gute Frau ist das Echo ihres Mannes: Sie hat immer das letzte Wort. *Wolfgang Eschker*

Wenn eine Frau sagt, sie sei genau wie alle Frauen - die wäre anders. *William Gerhardie*

Die Frauenseele ist für mich wie ein offenes Buch - geschrieben in einer unverständlichen Sprache. *Ephraim Kishon*

Das Weib lässt sich keinen Beschützer gefallen, der nicht zugleich eine Gefahr ist. *Karl Kraus*

Die schönsten Frauen sind die, denen wir gefallen.
Gabriel Laub

Ich möchte keine Frau, die so anspruchslos ist, dass sie mich mag. *Groucho Marx*

Wenn eine Frau schweigt, hört man es. *Alfred Polgar*

Eine Frau holt gerne den Rat ihres Mannes ein, schon deshalb, um ihn nicht zu befolgen. *Arthur Schnitzler*

Viele Frauen wissen nicht, was sie wollen, aber sie sind fest entschlossen, es zu bekommen. *Peter Ustinov*

Frauen sind wählerisch: Sie wollen nicht den Zweitbesten, aber den Erstbesten wollen sie auch nicht. *Volksweisheit*

Barkeeper: »Warum gehen Sie nicht nach Hause?« – »Weil meine Frau böse auf mich ist.« – »Und warum ist sie böse auf Sie?« – »Weil ich nicht nach Hause komme.« *Unbekannt*

Frauen, die von sich sagen, sie seien eine Dame, sind keine.
Unbekannt

Viele Frauen beneiden ihren Mann – weil er so glücklich verheiratet ist. *Unbekannt*

Freiheit

Sobald dir deine Freiheit zum Maßstab wird, bist du gefangen. *Elazar Benyoetz*

Der Unterschied zwischen Freiheiten und Freiheit ist so groß als zwischen Gott und Göttern. *Ludwig Börne*

Die Freiheit besteht in erster Linie nicht aus Privilegien, sondern aus Pflichten. *Albert Camus*

Man ist nur frei, wenn man nichts will. Wozu will man frei sein? *Elias Canetti*

Niemand ist frei, der nicht Herr über sich selbst ist. *Matthias Claudius*

Der Mensch ist nur frei, wenn er spielt. Leider spielt er nur, wenn er frei ist. *Nikolaus Cybinski*

Die glücklichen Sklaven sind die erbittertsten Feinde der Freiheit. *Marie von Ebner-Eschenbach*

Wer sagt: Hier herrscht Freiheit, der lügt, denn Freiheit herrscht nicht. *Erich Fried*

Wer seine Schranken kennt, der ist der Freie, wer frei sich wähnt, ist seines Wahnes Knecht. *Franz Grillparzer*

Ganz frei ist, wer auch die Freiheit nicht mehr haben muss. *Elmar Gruber*

Die Freiheit ist die Summe aller mikroskopischen Unfreiheiten. *Peter Hille*

Freiheit ist ein Gut, dessen Dasein weniger Vergnügen bereitet als seine Abwesenheit Schmerzen. *Jean Paul*

Freiheit ist der Zwang, sich zu entscheiden. *José Ortega y Gasset*

Ich bin ein Knecht der Freiheit! *Maximilien de Robespierre*

Der Mensch ist zur Freiheit verdammt. *Jean-Paul Sartre*

Die schönsten Träume von Freiheit werden im Kerker geträumt. *Friedrich von Schiller*

Freiheit besteht vor allem darin, das zu tun, was man nach seinem Gewissen tun soll. *Albert Schweitzer*

Freizeit

Die Freizeitangebote bieten einem alles, nur keine Freizeit mehr. *Gerhard Uhlenbruck*

Fremdwort

Für »Fremdwort« gibt es kein Fremdwort. *Unbekannt*

Freude

Gering ist die Freude, die keine Sorgen kennt.
William Blake

Freunde

Freunde in der Not wären selten? – Im Gegenteil: Kaum hat man mit einem Freundschaft gemacht, schon ist er auch schon in der Not und will Geld gesehen haben.
Arthur Schopenhauer

Ich möchte lieber mit mir befreundet als ich selbst sein.
Kurt Tucholsky

Es gibt nur ein Problem, das schwieriger ist, als Freunde zu gewinnen: sie wieder loszuwerden. *Mark Twain*

Gute Freunde erkennt man daran, dass sie immer da sind, wenn sie uns brauchen. *Volksweisheit*

Frieden

Frieden kannst du nur haben, wenn du ihn gibst.
Marie von Ebner-Eschenbach

Der Frieden hat so berühmte Siege wie der Krieg.
John Milton

»Frieden« wird bei Demonstrationen leicht zum Schlagwort.
Werner Mitsch

Mit allen Waffen für den Frieden kämpfen. *Slogan*

Friedhof

Die Friedhöfe sind voll von Leuten, die sich für unentbehrlich hielten. *Georges Clemençeau*

Man könnte viele Beispiele für unsinnige Ausgaben nennen, aber keines ist treffender als die Errichtung einer Friedhofsmauer. Die, die drinnen sind, können sowieso nicht hinaus, und die, die draußen sind, wollen nicht hinein. *Mark Twain*

Die Friedhöfe sind die Biotope der Großstädte. *Q.-S.*

Führung

Das meiste, was wir als Führung bezeichnen, besteht darin, den Mitarbeitern die Arbeit zu erschweren. *Peter F. Drucker*

Führungskräfte

Führungskräften, die sich behaupten müssen, fehlt es an Kopf. *Ron Kritzfeld*

Fundament

Das Fundament ist die Basis für jede Grundlage.
Szene-Spruch

Furcht

Tue, was du fürchtest, und die Furcht wird dir fremd.

Dale Carnegie

Furcht, sagt Lukrez, hat die Götter geschaffen. Aber wer schuf dann diese allmächtige Furcht?

Georg Christoph Lichtenberg

Das Einzige, was wir zu fürchten haben, ist die Furcht.

Michel de Montaigne

Ich kenne keine Furcht, außer wenn ich Angst habe.

Karl Valentin

Gastlichkeit

Ich habe immer einige leere Flaschen im Kühlschrank. Es könnte ja mal einer kommen, der nichts trinken will.

Unbekannt

Geben

Zu wenig geben heißt verschwenden. *Karl V.*

Es gibt nichts, was es nicht gibt. *Johann Nepomuk Nestroy*

Gedächtnis

Wie übt man das Gedächtnis, um vergessen zu lernen?

Stanisław Jerzy Lec

Auf das menschliche Gedächtnis ist kein Verlass. Leider auch nicht auf die Vergesslichkeit. *Stanisław Jerzy Lec*

Ein gutes Gedächtnis ist eine gute Gabe Gottes. Vergessen können ist oft eine noch bessere Gabe Gottes.

Georg Christoph Lichtenberg

Mein Gedächtnisverlust gibt mir zu denken.
Rupert Schützbach

Gedanke

Wahr sind nur die Gedanken, die sich selbst nicht verstehen.
Theodor W. Adorno

Nichts ist gefährlicher als der Gedanke - ausgenommen Gedankenlosigkeit. *Karlheinz Deschner*

Es genügt nicht, keine Gedanken zu haben, man muss auch unfähig sein, sie auszudrücken. *Karl Kraus*

Zu einem tiefen Gedanken muss man sich emporschwingen.
Stanisław Jerzy Lec

Wirklich großartig sind nur die Gedanken, die sich nicht zu Ende denken lassen. *Jean-Paul Sartre*

Ich hatte in Gedanken gedankenlos gehandelt.
Aus einer Versicherungsakte

Gedankenfreiheit

Es ist ein Missverständnis, die Gedankenfreiheit bis zur Unabhängigkeit vom Verstand voranzutreiben. *Hans Kasper*

Gedicht

Ein Gedicht machen, ist ein Gedicht. *Paul Valéry*

Geduld

Man muss nur alt genug werden, um alles zu kriegen, was einem nicht zukommt. *Elias Canetti*

Geduld ist die Tugend der Revolutionäre. *Rosa Luxemburg*

Man braucht sehr viel Geduld, um diese zu lernen.

Kurt Tucholsky

O Herr, gib mir Geduld, aber ein bisschen dalli!

Sponti-Spruch

Wer nach Indien reist, lernt Geduld, wenn er keine hat, und verliert sie, wenn er eine hat. *Unbekannt*

Gefahr

Die größte Gefahr des Lebens ist, dass man zu vorsichtig wird. *Alfred Adler*

Gefühle

Wer nicht zuweilen zu viel empfindet, der empfindet immer zu wenig. *Jean Paul*

Gegensätze

Das Gleichgewicht in den menschlichen Handlungen kann leider nur durch Gegensätze hergestellt werden.

Johann Wolfgang von Goethe

Gegner

Gegner sind darum Gegner, weil sie dasselbe wollen.

Albrecht Fabri

Gehalt

»Chef, wenn Sie mir keine Gehaltserhöhung geben, erzähle ich überall herum, Sie hätten mir eine gegeben.«

Unbekannt

Geheimnis

Was nützt ein Geheimnis, das man nicht weitersagen darf!

Alfred Mohler

Gehirn

Gehirn ist das Organ, mit dem wir denken, dass wir denken.

Ambrose Gwinnett Bierce

Wenn das Gehirn so einfach wäre, dass wir es verstehen könnten, dann wären wir selbst so simpel, dass wir mit diesem Wissen nichts anzufangen wüssten.

Unbekannter Neurologe

Gehirn und Verhalten

Unser Kopf arbeitet anders als wir denken. *(Buchtitel)*

Hermann Haken

Gehorsam

Ich habe Ihn zum General gemacht, damit Er weiß, wann Er nicht zu gehorchen hat. *Friedrich der Große*

Geist

Es gibt Leute, die so in ihren Geist verliebt sind, dass sie darob den Verstand verlieren. *Curt Goetz*

Geiz

Die höchste Stufe des Geizes ist es, wenn einer niemals seinen Verstand gebraucht. *Albert Einstein*

Geizhals

Dem reichen Geizhals mangelt alles. *Volksweisheit*

Gelassenheit

Nichts ist so aufreizend wie Gelassenheit. *Oscar Wilde*

Geld

Das Geld ist ein vorzügliches Mittel, um die Armut zu ertragen. *Alphonse Allais*

Geld ist besser als Armut, wenn auch nur aus finanziellen Gründen. *Woody Allen*

Es gibt echte Blüten – und die sind falsch. *Günter Barudio*

Geld ist eine Wohltat, die wir genießen, indem wir uns von ihr trennen. *Ambrose Gwinnett Bierce*

Wenn man kein Geld hat, denkt man immer an Geld. Wenn man Geld hat, denkt man nur noch an Geld. *Paul Getty*

Um Geld verachten zu können, muss man es haben.
Curt Goetz

Wirklich genießen kann man nur Geld, das man mühsam verdient hat. Aber wenn man es mühsam verdient, hat man keine Zeit, es zu genießen. *Aldous Huxley*

Kurssturz: Wertpapier auf dem Weg zu seinem Papierwert.
Ron Kritzfeld

Das Geld ist am schnellsten beim Teufel, wenn man einen Engel kennen lernt. *Robert Lembke*

Es ist ungeheuerlich, wie viel Zeit und Geld Menschen aufwenden, um etwas umsonst zu bekommen. *Robert Lynd*

Die richtige Einstellung zu Geld ist habgierige Abscheu.
Henry Miller

Die Phönizier haben das Geld erfunden – aber warum so wenig? *Johann Nepomuk Nestroy*

»Ohne Geld ist alles umsonst!« – »Jetzt hab'ns wieder was Dummes geredt! Ohne Geld merkt man erst, dass nix umsonst ist!« *Johann Nepomuk Nestroy*

Du musst Geld ausgeben, wenn du welches verdienen willst.
Plautus

Für Geld ist er fähig, alles zu tun, sogar eine gute Tat.
Antoine de Rivarol

Was man nicht für Geld kaufen kann, muss man gewöhnlich teuer bezahlen. *Lothar Schmidt*

Es gibt Leute, die zahlen für Geld jeden Preis.
Arthur Schopenhauer

Bankiers leihen dir nur dann Geld, wenn du beweisen kannst, dass du es nicht brauchst. *Mark Twain*

Von jetzt an werde ich nur so viel ausgeben, wie ich einnehme, selbst wenn ich mir dafür Geld borgen muss.
Mark Twain

Es gibt nur eine Klasse in der Gesellschaft, die mehr an Geld denkt als die Reichen. Das sind die Armen. *Oscar Wilde*

Die Geldströme fließen bergauf. *Volksweisheit*

..... herzliche Grüße, Dein Vater.
P. S. Ich wollte noch Geld beilegen, aber da war der Brief schon zugeklebt. *Unbekannt*

Je mehr Geld es auf der Welt gibt, desto mehr Schulden gibt es auch. *Q.-S.*

Geldbeutel

Am schwersten wiegt ein leerer Geldbeutel. *Alfred Mohler*

Gelegenheit

Die besten Gelegenheiten sind doch die entgangenen.
Johannes Gross

Gemälde

Meine Gemälde ähneln Gemälden. Meine Malerei ist ein Denken, das sieht. *René Magritte*

Genuss

Die meisten jagen so sehr dem Genusse nach, dass sie an ihm vorbei laufen. *Sören Kierkegaard*

Der Feinschmecker unterscheidet zwischen essbar und genießbar. *Werner Mitsch*

Glücklich nennen wir einen Menschen, für den die Verachtung des Genusses einen Genuss darstellt. *Seneca*

Gepäck

Das schwerste Gepäck für einen Reisenden ist eine leere Börse. *Englisches Sprichwort*

Gerechtigkeit

In manchen Ländern geht die Gerechtigkeit so weit, dass in den Gefängnissen genauso viel Unschuldige wie Schuldige sitzen. *Wolfgang Eschker*

Es gibt einen Punkt, bei dem selbst Gerechtigkeit ungerecht wird. *Sophokles*

Gerede

Es gibt nur eines, das schlimmer ist, als wenn die Leute über einen reden, und das ist, wenn sie nicht über einen reden.
Oscar Wilde

Gerücht

Gerüchte leben von dem, was nicht gesagt wurde. Q.-S.

Geschehen

Wenn keiner weiß, was geschehen soll, sagen alle: Es muss etwas geschehen. *Helmut Qualtinger*

Geschichte

Geschichte ist, was nicht hätte geschehen sollen.
Günther Debon

Aus der Geschichte der Völker können wir lernen, dass die Völker aus der Geschichte nichts gelernt haben.
Georg Wilhelm Friedrich Hegel

Geschichten

Die wahren Geschichten, die man erzählt, sind falsch; für die falschen besteht wenigstens die Chance, dass sie wahr werden könnten. *Elias Canetti*

Geschmack

Ich habe einen ganz einfachen Geschmack - ich bin immer mit dem Besten zufrieden. *Oscar Wilde*

Über den Geschmack lässt sich nicht streiten, aber es darf gelacht werden. *Q.-S.*

Gesellschaft

Für die Gesellschaft kämpft nur, wer gegen sie kämpft.
Karlheinz Deschner

In den besseren Kreisen ist es nicht gut, wenn man aneckt.
Gerhard Uhlenbruck

Alle wollen heute was Besseres sein, bevor sie was Gutes sind. *Gerhard Uhlenbruck*

Gesetz

Er fürchtet sich, mit den Gesetzen in Konflikt zu geraten – deshalb umgeht er sie. *Alfred Mohler*

Wenn es nicht notwendig ist, ein Gesetz zu machen, dann ist es notwendig, kein Gesetz zu machen.
Charles de Montesquieu

In dem verdorbensten Staat gibt es die meisten Gesetze.
Cornelius Tacitus

Im Wilden Westen herrschte das Gesetz der Gesetzlosigkeit.
Unbekannt

Gesicht

Sein Gesicht sagte alles. Es war nichtssagend.
Wolfgang Eschker

Gesundheit

Ein Zuviel an Gesundheit macht krank. *Gustave Flaubert*

Wir trinken auf die Gesundheit anderer und verderben unsere eigene. *Jerome Klapka Jerome*

Zeige mir einen gesunden Mann, und ich werde ihn heilen.
Carl Gustav Jung

Eine Krankheit ist es, nur für seine Gesundheit zu leben.
Ron Kritzfeld

Sich mit einer allzu streng geregelten Lebensweise gesund zu erhalten, ist an sich schon eine sehr ernste Krankheit.

La Rochefoucauld

Das Gefühl von Gesundheit erwirbt man sich nur durch Krankheit. *Georg Christoph Lichtenberg*

Manche Mediziner zählen die Gesundheit zu den latenten Krankheiten. *Werner Mitsch*

Dass es mit der Gesundheit bergab geht, merkt man vor allem, wenn man bergauf geht. *Werner Mitsch*

Eine Gesellschaft, in der nur der Gesunde etwas gilt, ist krank. *Werner Mitsch*

Die größte Behinderung des Lebens liegt darin, ständig auf die Gesundheit zu achten. *Platon*

Gesund kann man nur bleiben, wenn man isst und trinkt, was man nicht mag, und tut, wozu man keine Lust hat.

Mark Twain

Gesundheit ist die Summe aller Krankheiten, die man nicht hat. *Gerhard Uhlenbruck*

Nur der Kranke lebt wirklich gesund. *Gerhard Uhlenbruck*

Um gesund am Leben zu bleiben, sollte man sich einmal am Tag totlachen. *Gerhard Uhlenbruck*

Arzt: »Wie geht's?« - Patient: »Schon besser.« - Arzt: »Das freut mich.« - Patient: »Aber es wäre noch besser, wenn es mir gut ginge.« *Unbekannt*

Gesundheit ist ein bedenklicher Zustand, der langfristig nichts Gutes verheißt. *Q.-S.*

Gewalt

Manche wollen mit Gewalt Pazifist werden.

Rupert Schützbach

Gewandtheit

Es zeugt von großer Gewandtheit, wenn man die Gewandtheit nicht merken lässt. *La Rochefoucauld*

Gewerkschaft

Die Gewerkschaften haben viel für ihre Mitglieder getan. Am meisten aber für die Automation. *Oliver Hassencamp*

Gewissen

»Das kann ich mit meinem Gewissen nicht vereinbaren.« Wenn es eines wäre, würde es keine Vereinbarung zulassen.

Johannes Gross

Sein Gewissen war rein. Er benutzte es nie.

Stanisław Jerzy Lec

Nicht durch das gute, sondern durch das schlechte Gewissen wird einem fühlbar, dass man überhaupt ein Gewissen hat.

Karl Heinrich Waggerl

Gewissheit

Es gibt nur eine Gewissheit, nämlich dass wir keine Gewissheit haben können; und deshalb gibt es auch die Gewissheit nicht, dass wir keine Gewissheit haben können.

Samuel Butler

Es ist nicht gewiss, dass alles ungewiss ist. *Blaise Pascal*

Die einzige Gewissheit ist, dass nichts gewiss ist.

Plinius d. Ä.

Eine über die Gleichheit der Chancen hinausgehende Gleichmachung der Menschen ist die höchste Ungerechtigkeit.

Karl Jaspers

Glaube

Nur was wir glauben, wissen wir gewiss. *Wilhelm Busch*

Die Negation ist der stärkere Glaube. *Gabriel Laub*

Nichts wird so fest geglaubt wie das, was wir am wenigsten wissen. *Michel de Montaigne*

Der Glaube, der nicht zweifelt, ist kein Glaube. *Blaise Pascal*

Ich glaube Ihnen alles, aber auch nicht mehr. *Richter-Spruch*

Gleichgültigkeit

Die verbreitetste Form der Anteilnahme ist die Gleichgültigkeit. *Norbert Stoffel*

Gleichheit

Ohne Unterschied macht Gleichheit keinen Spaß.

Dieter Hildebrandt

Glück

Man muss sein Glück teilen, um es zu multiplizieren.

Marie von Ebner-Eschenbach

Kein Mensch ist wunschlos glücklich, denn das Glück besteht ja gerade im Wünschen. *Attila Hörbiger*

Glück ist etwas, was man geben kann, ohne es zu haben.
Ricarda Huch

Glücksspiele werden verboten – das längste ausgenommen: das Leben. *Jean Paul*

Ich glaube sehr stark an das Glück und ich finde, je härter ich arbeite, desto mehr habe ich davon. *Thomas Jefferson*

Das größte Glück im Leben ist: ein bisschen Glück.
Anita Joachim-Daniel

Wunschlos glücklich zu sein, ist die positivste Form der Hoffnungslosigkeit. *Werner Mitsch*

Aber von allen politischen Idealen ist der Wunsch, die Menschen glücklich zu machen, vielleicht der gefährlichste.
Karl R. Popper

Die Suche nach Glück ist für viele ein Unglück.
nach Arthur Schopenhauer

Ein Leben voller Glück, das wäre die Hölle auf Erden.
George Bernard Shaw

Das Glück bezahlen wir mit der Angst, es zu verlieren.
Gerhard Uhlenbruck

Kann man mit dem Glück rechnen? Zum Glück nicht! Q.-S.

Gold

– nichtmagnetisches und dennoch anziehendstes aller Metalle. *Ron Kritzfeld*

Goldene Regel

Die Goldene Regel heißt: Es gibt keine Goldene Regel.

George Bernard Shaw

Gott

Wen Gott versuchen will, über den bringt er den Glauben.

Elazar Benyoetz

Ich brauche Gott nicht, um das Universum zu erklären. Vielen Dank, aber ich komme beim Versuchen, das Universum zu begreifen, ganz gut zurecht, indem ich meine Fähigkeit benutze, das Universum in meinen Kopf zu stecken. Ach übrigens, ich glaube fest, dass mir diese Fähigkeit von Gott gegeben wurde. *George V. Coyne*

Seit die Menschen nicht mehr an Gott glauben, glauben sie nicht etwa an nichts mehr, sondern an alles. *Umberto Eco*

Gott ist tot. Gibt es einen Satz, der sarkastischer wäre?
Ja: Gott lebt. *Wolfgang Eschker*

Augustinus: Der kennt Gott am besten, der ihn nicht zu kennen glaubt. *Michel de Montaigne*

Über Gott wissen wir nur, dass wir nichts über ihn wissen.

Nikolaus von Kues

Gott ist nicht allmächtig, denn er kann keine Mauer bauen, über die er nicht hinwegspringen kann. *Blaise Pascal*

Einen Lichtbildervortrag über Gott halten. *Jules Renard*

Die einzige Entschuldigung für Gott ist, dass es ihn nicht gibt. *Stendhal*

Dass Gott uns nicht zwingt, das ist seine Härte.

Ludwig Strauss

Gott liebt jedes Wesen auf der Welt, das sich nicht selber liebt. Liebt Gott Gott? *Pierre Teilhard de Chardin*

Wenn Gott zu dir kommen will, verlässt er dich.

Karl Heinrich Waggerl

Grabmal

Zwei Besucher stehen vor dem pompösen Grabmal der Rothschilds. Sagt der eine: »Die Leute wissen zu leben.«

Unbekannt

Graffiti

Weg mit den »Weg-mit«-Sprüchen!

Ohne mich tu ich alles.

Alkohol in kleinen Dosen ist Verschwendung.

Heute will ich tun, was ich will, nämlich nichts.

Ich bin gegen die Todesstrafe und fordere die Todesstrafe für alle, die die Todesstrafe fordern!

Mir nach – ich stehe hinter euch!

Seid realistisch – fordert alles!

Kein Bock auf nix.

Spontaneität muss wohlüberlegt sein.

Leichtsinn für alle – weg mit der Schwerkraft.

Zögere nicht - warte ab!

Größenrekord

Gemälde des Elephanten in Smiedfield: »Dieß ist der größte Elephant in der Welt, ihn selber ausgenommen.« *Jean Paul*

Großzügig

Wir möchten alle gern als großzügig gelten - und diesen Ruf möglichst billig erwerben. *Unbekannt*

Grube

Wer andern keine Grube gräbt, fällt selbst hinein. *Karl Kraus*

Grundsatz

Wer keine Grundsätze hat und kein Programm, gibt sich ein Grundsatzprogramm. *Johannes Gross*

Grundsätze sind dazu da, sie hochzuhalten, damit man unten durchschlüpfen kann. *Hermann Höcherl*

Der Pragmatiker entscheidet Fälle nicht nach Grundsätzen, sondern grundsätzlich fallweise. *Ron Kritzfeld*

Ich habe nur einen Grundsatz, und das ist der, gar keinen Grundsatz zu haben. Grundsätze sind enge Kleidungsstücke, die einen bei jeder Bewegung genieren.
Johann Nepomuk Nestroy

Gut und schlecht

Wenn du gut sein willst, dann nimm zuerst an, dass du schlecht bist. *Epiktet*

Alles hat zwei Seiten. Das ist das Gute am Schlechten und das Schlechte am Guten. *Werner Mitsch*

Ich glaube fest an das Gute im Menschen, aber ich rate dennoch, sich auf das Schlechte einzurichten. *Alfred Polgar*

Wenn man das Gute nicht erreicht, macht man eben das Beste aus seinem Leben. *Gerhard Uhlenbruck*

Alles wird gut - und nichts wird besser. *Q.-S.*

Gut gehen

»Liebe Tante, schicke mir bitte 1000 €, damit ich weiß, dass es dir gut geht.« *Unbekannt*

Haare

»Ihre Haare hätten schon vor längerer Zeit geschnitten werden müssen.« - »Meine Haare sind vor längerer Zeit geschnitten worden.« *Unbekannt*

Hände

Hände werden durch nichts schmutziger, als wenn eine die andere wäscht. *Ron Kritzfeld*

Halten

»Hält Göttingen an diesem Zug?«

Albert Einstein zu einem Schaffner

Heimat

Die Heimat des Abenteurers ist die Fremde. *Hans Kasper*

Heirat

Heirate - oder heirate nicht. Du wirst beides bereuen.

Sokrates

Wenn du mich wirklich geliebt hättest, dann hättest du mich nicht geheiratet und mir die ganze Hausarbeit zugemutet.

Unbekannt

Heiterkeit

Alle Heiterkeit der Welt rührt von ihrer Traurigkeit her.

Alfred Polgar

Heizung

»Du, Schatz, wo ist das dicke Buch über alternatives Heizen?« – »Im Ofen, Liebling.« *Unbekannt*

Helfen

Manchen ist nur dadurch zu helfen, dass man ihnen nicht hilft. *Jean-Paul Sartre*

Heraklit

Eines steht fest: Alles fließt. *Spruch nach Heraklit*

Herz

Wir haben alle das Herz auf der linken Seite, aber längst nicht alle auf dem rechten Fleck. *Franz Schubert*

Heuchelei

Gar nicht von sich zu reden, ist eine sehr vornehme Heuchelei. *Friedrich Wilhelm Nietzsche*

Heute

Das Heute hört nie auf. *Jean Paul*

Himmel

Der Versuch, den Himmel auf Erden zu errichten, produzierte stets die Hölle. *Karl R. Popper*

Hintertür

Am liebsten werden die offenen Hintertüren eingerannt. *Q.-S.*

Höflichkeit

Es ist keine Höflichkeit, einem Lahmen den Stock tragen zu wollen. *Arthur Schnitzler*

Hölle

In der Hölle ist der Teufel ein positiver Held.
Stanisław Jerzy Lec

Die Hölle, das sind die anderen. Das Paradies, das sind die anderen in der Hölle. *Zarko Petan*

Hören

Gut hören kann ich schlecht, aber schlecht sehen kann ich gut. *Joseph Kardinal Frings*

Es gibt Leute, die nicht eher hören, bis man ihnen die Ohren abschneidet. *Georg Christoph Lichtenberg*

Seit ich schwerhörig bin, höre ich genauer zu. *Zarko Petan*

Hoffnung

Man muss manchmal die Hoffnung verlieren, um etwas zu finden, das mehr taugt als sie. *Karlheinz Deschner*

Das Schönste, was wir in der Vergangenheit antreffen, ist die Hoffnung. *Jean Paul*

Seitdem ich die Hoffnung aufgegeben habe, geht es mir schon viel besser. *Unbekannt*

Nur Hoffnungen zu haben, ist zum Verzweifeln. *Q.-S.*

Hübsch

Ich bin gar nicht hübsch, ich sehe nur so aus. *Spruch*

Hufeisen

Hufeisen sollen auch dann Glück bringen, wenn man nicht daran glaubt. *Niels Bohr*

Huhn

Das Huhn war die Idee des Eis, wie man mehr Eier erzeugt.
Samuel Butler

Humor

Es gibt keinen israelischen Humor - aber ich lebe davon.
Ephraim Kishon

Der Versuch, den Humor zu definieren, ist selbst eine Definition von Humor. *Saul Steinberg*

Mit trockenem Humor kann man anderen das Wasser abgraben. *Gerhard Uhlenbruck*

Humor ist einfach eine komische Art, ernst zu sein.
Peter Ustinov

Beim Humor verstehen die Karnevalisten keinen Spaß.
Redensart

Wahrer Humor zeigt sich erst, wenn es ernst wird.
Volksmund

Humorist

Ein Humorist hat auf seinesgleichen stets eine mächtige Wut.
Kurt Tucholsky

Hypochonder

Der Hypochonder hat Angst, dass die Angst vor der Krankheit begründet sein könnte. *Gerhard Uhlenbruck*

Ideal

Wer ein Ideal verwirklicht hat, ist um ein Ideal ärmer geworden. *Stanley Baldwin*

– eine Unerreichbarkeit, die erreichen zu wollen sich lohnt. *Felix Pollak*

Idee

Der Mensch ist bereit, für jede Idee zu sterben, vorausgesetzt, dass ihm die Idee nicht ganz klar ist. *Gilbert Keith Chesterton*

Wenn eine Idee fortwirken soll, muss sie die Möglichkeit bieten, missverstanden zu werden. *Karl Heinrich Waggerl*

Auch mit edlen Ideen kann man die Welt verwüsten. *Jüdisches Sprichwort*

Ignoranten

Gegenüber Ignoranten gibt es nur ein Mittel: man muss sie ignorieren. *Ulrich Erckenbrecht*

Ignoranten ignorieren ihre Ignoranz. *Sigmar Schollack*

Das ignoriere ich nicht einmal. *Karl Valentin*

Illusion

Wer behauptet, dass er keine Illusionen habe, hat die Illusion, er habe keine. *Lothar Schmidt*

Individualisierung

Individualisierung ist kein individuelles, sondern ein kollektives Schicksal. *Ulrich Beck*

Information

Obwohl unsere Information falsch ist, verbürgen wir uns nicht für sie. *Erik Satie*

Inkompetenz

In a hierarchy individuals tend to rise to their levels of incompetence. (Bekannt als Peters Prinzip) *Laurence J. Peter*

Sich für alles zuständig zu fühlen, ist echte Inkompetenz. *Q.-S.*

Innerstes

Man muss versuchen, bis zum Äußersten ins Innere zu gehen. Der Feind des Menschen ist die Oberfläche. *Samuel Beckett*

Innovation

Innovation ist schöpferische Zerstörung des Bestehenden durch Unternehmer. *Joseph A. Schumpeter*

Der Versuch, eine Innovation planen zu wollen, ist die Garantie für ihren Misserfolg. *Q.-S.*

Intelligenz

Stell dir vor, es geht, und keiner kriegt's hin. *Wolfgang Neuss*

Die »Intelligenz« erscheint als eine besondere Form der Unvernunft. *Friedrich Nietzsche*

Intelligenz ist jene Eigenschaft des Geistes, dank derer wir schließlich begreifen, dass alles unbegreiflich ist. *Emile Picard*

Intuition

Unter Intuition versteht man die Fähigkeit gewisser Leute, eine Lage in Sekundenschnelle falsch zu beurteilen. *Friedrich Dürrenmatt*

Irren

Lehre mich die wunderbare Weisheit, dass ich mich irren kann. *Teresa von Avila*

Irren ist auch insofern menschlich, als die Tiere wenig oder gar nicht irren, wenigstens nur die klügsten unter ihnen. *Georg Christoph Lichtenberg*

Wer glaubt, niemals zu irren, der irrt. *Wilhelm Raabe*

Irrsinn

In einer irrsinnigen Welt vernünftig sein zu wollen, ist schon wieder ein Irrsinn für sich. *Voltaire*

Irrtum

Irrtum ist das notwendige Instrument der Wahrheit. *Novalis*

Jahre

Die besten Jahre eines Mannes beginnen dann, wenn die guten vorüber sind. *Johann Wolfgang von Goethe*

Jenseits

Selbst die frömmsten Alten geben eine stark gedämpfte Sehnsucht nach dem Jenseits zu erkennen. *Johannes Gross*

Jugend

Die Jugend wäre eine schönere Zeit, wenn sie erst später im Leben käme. *Charly Chaplin*

Die Jugend hat Heimweh nach der Zukunft. *Jean-Paul Sartre*

Jugend will, dass man ihr befiehlt, damit sie nicht gehorchen muss. *Jean-Paul Sartre*

Warum bekommt der Mensch die Jugend schon in einem Alter, in dem er nichts davon hat? *George Bernard Shaw*

Jung

Ich bin nicht jung genug, um alles zu wissen. *Oscar Wilde*

Jungfrau

Eine Jungfrau ist etwas sehr Schönes, vorausgesetzt, sie bleibt es nicht. *Joachim Ringelnatz*

Juristen

Juristen sind Leute, die die Gerechtigkeit mit dem Recht betrügen. *Harold Pinter*

Kapitulieren

Ich denke nicht daran zu kapitulieren. Ich zwinge meinen Feind, mich zu besiegen. *Stanisław Jerzy Lec*

Karneval

Mit der Narrenkappe sieht jeder närrisch aus, aber wer unter Narren als Einziger keine trägt, am meisten.

Johannes Gross

Karriere

Man kann auch hinauffallen. Und solche Fälle sind die tiefsten. *Peter Hille*

Sein Aufstieg war ein Fall für sich. *Werner Mitsch*

Wie tief sinken viele, um zu steigen. *Daniel Spitzer*

Karteileichen

Es gibt Karteileichen, die führen ein ewiges Leben.
Wolfgang Eschker

Katastrophe

Es gibt für Unzählige nur ein Heilmittel: die Katastrophe.
Christian Morgenstern

Die erwartete Katastrophe ist immer dei Schlimmste.
Sprichwort

Kaufen

Gekauftes ist billiger als Geschenktes.
Portugiesisches Sprichwort

Leute, die nicht kaufen wollen, kann niemand davon abhalten. *Unbekannt*

Kennen

Je näher wir uns kennen, um so geheimnisvoller werden wir einander. *Albert Schweitzer*

Kennen lernen

Einander kennen lernen heißt: lernen, wie fremd man einander ist. *Christian Morgenstern*

Kenntnisse

Sie zeigen einen solchen Mangel an Kenntnissen, der nur das Ergebnis jahrelanger Studien sein muss. *Oscar Wilde*

Zuwachs an Kenntnis ist Zuwachs an Unruhe.
Johann Wolfgang von Goethe

Kennzeichen

Besonderes Kennzeichen? Keine Kennzeichen. *Pass-Eintrag*

Kinder

Ach, wenn jene Kinder, die ich nicht wollte, doch wüssten, welches Glück sie mir verdanken! *Emile Michael Cioran*

Ein Kind zu erziehen ist leicht. Schwer ist nur, das Ergebnis zu lieben. *Werner Schneyder*

Kirche

In vielbesuchten Gottesdiensten an großen Festtagen wird in den Kirchen auf Teufel komm raus gesegnet. *Unbekannt*

Kirchtürme

Warum tragen Kirchtürme Blitzableiter? *Unbekannt*

Klar

Klar sehen heißt schwarz sehen. *Paul Valéry*

Klugheit

Zu wissen, dass er dumm ist, das ist des Dummen höchste Klugheit. *Christian Friedrich Hebbel*

Der Klügere gibt so lange nach, bis er der Dumme ist.
Werner Mitsch

Manchmal ist es das Klügste, sich dumm zu stellen.
Volksweisheit

Wer klug ist, kann sich dumm und dusselig verdienen.
Volksweisheit

Kochsalz

Kochsalz wird ganz besonders schmackhaft, wenn man es behutsam über ein zartes Filetsteak streut. *Gourmet-Spruch*

Können

Ich kann, weil ich will, was ich muss. *Immanuel Kant*

Man muss schon sehr viel können, um nur zu merken, wie wenig man kann. *Karl Heinrich Waggerl*

Kommunikation

Manche Leute kann man nur unterhalten, indem man ihnen zuhört. *Kin Hubbard*

Man kann nicht nicht kommunizieren. *Paul Watzlawick*

Die häufigste Kommunikationsform ist das Missverständnis.
Q.-S.

Kommunismus

Der Kommunismus findet Zulauf nur dort, wo er nicht herrscht. *Henry Kissinger*

Komödie

Eine Komödie, die mit der Hochzeit endet, ist der Anfang einer Tragödie. *George Bernard Shaw*

Kompromiss

Ein Kompromiss ist dann vollkommen, wenn alle unzufrieden sind. *Aristide Briand*

Konsequenz

Konsequent ist nur der, der sich selber mit den Umständen wandelt. *Winston Churchill*

Es sind gerade die Inkonsequenzen eines Lebens, welche die größten Konsequenzen haben. *André Gide*

Konsumgesellschaft

Der Verzicht auf den Verzicht. *Gerhard Uhlenbruck*

Kopf

In einen hohlen Kopf geht viel Wissen. *Karl Kraus*

Die meisten haben selten mehr Licht im Kopf, als gerade nötig ist zu sehen, dass sie nichts darin haben.
Georg Christoph Lichtenberg

Was man nicht im Kopf hat, sollte man auch für sich behalten. *Werner Mitsch*

Je leerer ein Kopf ist, desto mehr sucht er sich zu entleeren.
Charles de Montesquieu

Kostenlos

Eintritt kostenlos - Jugendliche zahlen die Hälfte.
Museums-Plakat

Krach

Unsere Welt ist so voller Krach, dass man unwillkürlich nur noch auf das Leise hört. *Truman Capote*

Kränkungen

Auch Kränkungen wollen gelernt sein. Je freundlicher, desto tiefer trifft's. *Martin Walser*

Kraft

Die Schwäche der Kraft besteht darin, nur an die Kraft zu glauben. *Paul Valéry*

Krankenhaus

Im Krankenhaus sind die leeren Betten die teuersten. *Q.-S.*

Krankheit

Die Erforschung der Krankheiten hat so große Fortschritte gemacht, dass es immer schwerer wird, einen Menschen zu finden, der völlig gesund ist. *Aldous Huxley*

Ein bisschen Krankheit ist manchmal ganz gesund. *Rudolf Virchow*

Krankheit ist teuer, Gesundheit ist unbezahlbar. *Volksweisheit*

Kreter

Alle Kreter sind Lügner. *Epimenides aus Kreta*

Kritik

Wer keine Kritik verträgt, hat sie bitter nötig. *Lothar Schmidt*

Künstler

Künstler sein, heißt in einem Maße scheitern, in dem kein anderer zu scheitern wagt. *Samuel Beckett*

Um als Künstler leben zu können, muss man erst einmal tot sein. *Curt Goetz*

Der Geist der Kunst spricht: Wo zwei oder mehr versammelt sind in meinem Namen, da bin ich schon nicht mehr unter ihnen. *Johannes Gross*

Künstler ist nur einer, der aus der Lösung ein Rätsel machen kann. *Karl Kraus*

Dem Künstler fehlt das Talent zum Durchschnittsmenschen. *Werner Mitsch*

Wenn die Kritiker sich streiten, so beweist dies, dass der Künstler in Einklang mit sich selbst ist. *Oscar Wilde*

Kulturen

Nach C. P. Snow sind Naturwissenschaften und Geisteswissenschaften zwei Kulturen, deren Gemeinsamkeit die fehlende Gemeinsamkeit ist. *Charles Percy Snow*

Kummer

Kummer ist etwas, das sich nur glückliche Leute leisten können. *Gottfried Benn*

Kummerkasten

Mr. X äußerte sich enttäuscht darüber, dass es im Klub keinen Briefkasten für Anregungen gab, weil er gern die Anregung eingeworfen hätte, einen solchen Kasten anzubringen. *Unbekannt*

Kunde

Kein Kunde kann schlimmer sein als gar kein Kunde. *Leopold Fechtner*

Die Kunden sind auch nicht mehr, was sie nie gewesen sind. *Unbekannt*

Kunst

Kunst ist das Versprechen des Glücks, das gebrochen wird.
Theodor W. Adorno

Kunst ist Magie, befreit von der Lüge, Wahrheit zu sein.
Theodor W. Adorno

Kunst kann nie Regeln aufstellen, die eine Kunst erbringen.
Edmund Burke

Kunst-Maler sind die ohne Kunst. *Jean Paul*

Kunst ist, wenn man's nicht kann, denn wenn man's kann, ist's keine Kunst. *Johann Nepomuk Nestroy*

Kunst ist eine Lüge, die uns die Wahrheit erkennen lässt.
Pablo Picasso

Das Leben imitiert die Kunst weit mehr als umgekehrt.
Oscar Wilde

Kunstwerke

Tatsächlich werden Kunstwerke desto weniger genossen, je mehr einer davon versteht. *Theodor W. Adorno*

Kuss

Zehn Küsse werden leichter vergessen als ein Kuss. *Jean Paul*

Ein Mädchen braucht viel Erfahrung, um wie eine Anfängerin küssen zu können. *Unbekannt*

Kybernetik

Keine Angst vor der Kybernetik: am Ende schaltet sie sich selbst aus. *Stanisław Jerzy Lec*

Lachen

Über sich selbst lachen? Dass ich nicht lache! *Gabriel Laub*

Lächeln

Lächeln ist die eleganteste Art, dem Gegner die Zähne zu zeigen. *Werner Finck*

Das Lächeln der Mona Lisa gilt denen, die es zu enträtseln versuchen. *Hans Kudszus*

Lächerlichkeit

Ich finde nichts lächerlicher als etwas lächerlich zu finden. *Ludwig Börne*

Lärm

Den größten Lärm machen immer die leeren Wagen. *Sprichwort*

Langeweile

Unsere Zeit ist so aufregend, dass man die Menschen eigentlich nur noch mit Langeweile schockieren kann. *Samuel Beckett*

»Geh'ns, seins net fad!«, sagt der Wiener zu jedem, der sich in seiner Gesellschaft langweilt. *Karl Kraus*

Wir verzeihen oft denen, die uns langweilen, aber niemals denen, die wir langweilen. *La Rochefoucauld*

Last

Ich sinke zu Boden unter der Last all dessen, was ich nicht getan habe. *Paul Valéry*

Laufen

Man muss so schnell laufen, wie man kann, um wenigstens auf der Stelle zu bleiben. *Lewis Carroll*

Leben

Alles Leben steht unter dem Paradox, dass wenn es beim Alten bleiben soll, es nicht beim Alten bleiben darf.
Franz von Baader

Die Tatsache, dass das Leben keinen Sinn hat, ist ein Grund, um zu leben. Übrigens der einzige. *Emile Michael Cioran*

Es ist sinnlos zu behaupten, der Tod sei das Ziel des Lebens. Aber was lässt sich sonst sagen? *Emile Michael Cioran*

Was ist das für ein armes Leben, das nicht reich an Leiden war! *Marie von Ebner-Eschenbach*

Um das nackte Leben zu retten, geben viele ihren Geist auf.
Wolfgang Eschker

Das ganze Geheimnis, sein Leben zu verlängern, besteht darin, es nicht zu verkürzen. *Ernst von Feuchtersleben*

Das Leben ist schwer - ein Grund mehr, es auf die leichte Schulter zu nehmen. *Emil Gött*

Verachte das Leben, um es zu genießen! *Jean Paul*

Das Leben zwingt den Menschen zu allerlei freiwilligen Handlungen. *Stanisław Jerzy Lec*

Das Leben ist die Suche des Nichts nach dem Etwas.
Christian Morgenstern

Im Leben siegt, wer als Letzter ans Ziel kommt. *Zarko Petan*

Das Beste ist es, nicht geboren zu sein, doch wem passiert das schon? *Alfred Polgar*

Wir müssen das Leben durch Sanftmut bezwingen. *Jules Renard*

Lasst uns das Leben genießen, solange wir es nicht begreifen. *Kurt Tucholsky*

Manche bringen ihr Leben hinter sich, indem sie vor sich hin leben. *Gerhard Uhlenbruck*

Der Samen stirbt, wenn das Leben in ihm erwacht. *Q.-S.*

Lebenserfahrung

Alle Menschen sind Brüder. Also Vorsicht! *Werner Mitsch*

Lebenserwartung

»Verlängerte Lebenserwartung« trifft's nicht. Meist ist »verlängerte Todeserwartung« gemeint. *Johannes Gross*

Lebenskunst

Lebenskünstler sind Menschen, die sich einer gewissen Faulheit befleißigen. *Werner Mitsch*

Lebenskünstler sind Menschen, die sich auf das Überflüssige beschränken. *Werner Mitsch*

Lebenskunst besteht darin, sich mit Fingerspitzengefühl durchboxen zu können. *Gerhard Uhlenbruck*

Lebenslüge
Das einzig Wahre im Leben ist die Lebenslüge, mit der wir unser Leben bewahren. *Gerhard Uhlenbruck*

Lebenssinn
Der Sinn des Lebens ist, dass es keinen Sinn hat zu sagen, das Leben habe keinen Sinn. *Niels Bohr*

Der Sinn des Lebens liegt in einem Leben mit Sinn.
Gerhard Uhlenbruck

Leere
Sogar die Leere kann sich der Mensch nur räumlich vorstellen. *Werner Mitsch*

Nichts lässt so viel Leere zurück wie in Erfüllung gegangene Wünsche. *Alfred Mohler*

Leiden
Wer das Leiden fürchtet, leidet bereits an dem, was er fürchtet. *Michel de Montaigne*

Leisten
Wer sich alles leisten kann, ist reich; wer auf alles verzichten kann, ist reicher. *Alfred Mohler*

Ich kann mich mir bald nicht mehr leisten. *Martin Walser*

Leistung
Mancher leistet das Außerordentliche nur, weil er nichts Ordentliches gelernt hat. *Günther Debon*

Es hat noch niemand etwas Ordentliches geleistet, der nicht etwas Außerordentliches leisten wollte.
Marie von Ebner-Eschenbach

Lernen

Wer genug gelernt hat, hat nichts gelernt. *Elias Canetti*

Man soll nicht mehr lernen, als man unbedingt gegen das Leben braucht. *Karl Kraus*

Man muss viel gelernt haben, um das, was man nicht weiß, ertragen zu können. *Jean-Jacques Rousseau*

Lesen

Wo nehme ich nur all die Zeit her, so viel nicht zu lesen? *Karl Kraus*

Erst durch das Lesen lernt man, wie viel man ungelesen lassen kann. *Wilhelm Raabe*

Leute

Wir bilden uns oft etwas auf Leute ein, die sich unserer schämen würden. *Georg Christoph Lichtenberg*

Wirklich feine Leute verzichten auf den Umgang mit feinen Leuten. *Alfred Mohler*

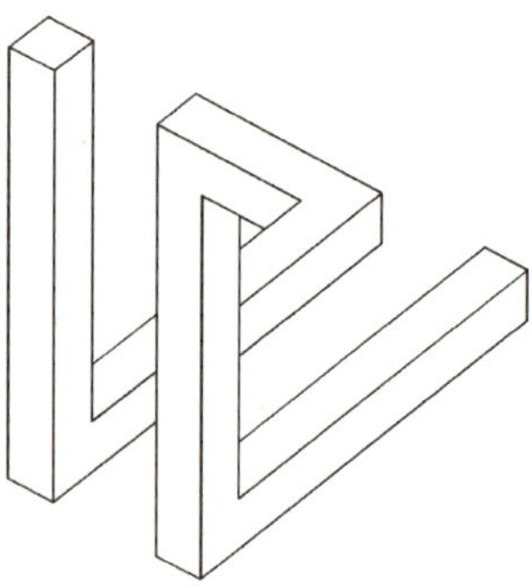

Was manche Leute sich selbst vormachen, das macht ihnen so schnell keiner nach. *Gerhard Uhlenbruck*

Am besten kommt man mit Leuten aus, ohne die man auskommen kann. *Unbekannt*

Licht

Das viele Licht dient nur dazu, die Dunkelheit zu vermehren. *Ernst Bloch*

Liebe

Die Liebe ist eine Wahrheit, die aus lauter zärtlichen Lügen besteht. *Simone de Beauvoir*

Der Liebe Lohn – ihre Unverdientheit. *Elazar Benyoetz*

Die Liebe allein versteht das Geheimnis, andere zu beschenken und dabei selbst reich zu werden. *Clemens Brentano*

Die Religion hat der Liebe einen großen Dienst erwiesen, indem sie sie zur Sünde erklärte. *Anatole France*

Liebe ist das charmanteste Unglück, das uns zustoßen kann. *Curt Goetz*

Nichts tötet die Liebe so sehr wie Unaufrichtigkeit – höchstens noch Aufrichtigkeit. *Alfred Mohler*

Die Liebe ist ein Krieg, in dem der Sieger bedingungslos kapituliert. *Marcel Pagnol*

Liebe ist ein privates Weltereignis. *Alfred Polgar*

Je mehr Liebe man gibt, desto mehr besitzt man davon. *Rainer Maria Rilke*

Es gibt nur eine glückliche Liebe: Wenn man den Gegenstand seiner Liebe zu seinem Glücke nicht kriegt.

Moritz Saphir

Nur der unglücklich Liebende kann Gedichte vom Glück der Liebe schreiben. *Gerhard Uhlenbruck*

Im Krieg um die Liebe siegt der, der flieht.

Italienisches Sprichwort

Linke

Die Linken glauben, das Herz auf dem rechten Fleck zu haben. *Redensart*

Literatur

Literatur ist der Versuch, das auszudrücken, was man mit Worten nicht sagen kann. *Zarko Petan*

Gute Literatur verdirbt den schlechten Geschmack.

Rupert Schützbach

Lob und Tadel

Dafür, dass uns am Lobe nichts liegt, wollen wir besonders gelobt sein. *Marie von Ebner-Eschenbach*

Loch

Ein Loch ist da, wo etwas nicht ist. *Kurt Tucholsky*

Logik

Die scharfen Zähne der Logik leiden unter Paradoxose. *Q.-S.*

Lügen

Manche Lügen sind zu schön um wahr zu sein. *Werner Mitsch*

Lüge und Wahrheit lassen sich leicht unterscheiden: die Lüge tönt glaubwürdiger. *Alfred Mohler*

Die gemeinsten Lügen werden oft durch Stillschweigen verbreitet. *Robert Louis Stevenson*

Lüge nie! Es sei denn, du tust es, um dich in der Übung zu erhalten. *Mark Twain*

Aus den Lügen eines Menschen kann man die Wahrheit über ihn erfahren. *Gerhard Uhlenbruck*

Lügner

Kann man einem Menschen glauben, der sagt, er sei ein Lügner? *Aristoteles*

Ein Lügner glaubt keinem. *Volksweisheit*

Lupe

Manches, was man unter die Lupe nimmt, wird ganz klein. *Q.-S.*

Lust

Die Verachtung der Lust gewährt die größte Lust. *Diogenes*

Luxus

Man umgebe mich mit Luxus. Auf das Notwendigste kann ich verzichten. *Oscar Wilde*

Luxushotels

Luxushotels nennt man solche, deren Komfort nur wenig hinter dem Zuhause zurückbleibt. *Johannes Gross*

M

Macht

Man überzeugt am besten von seiner Macht, wenn man sie missbraucht. *Daniel Spitzer*

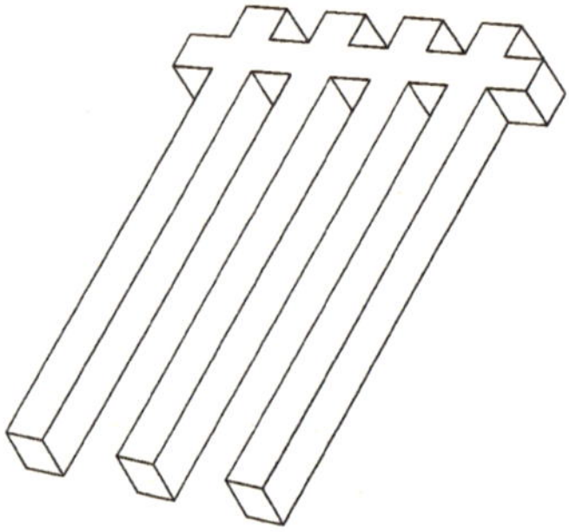

Männer

Die Männer, die mit den Frauen am besten auskommen, sind dieselben, die auch wissen, wie man ohne Frauen auskommt. *Charles Baudelaire*

Wenn alle Männer in die Hölle, alle Weiber in den Himmel kämen: so wäre eben dadurch beiden beides genommen. *Jean Paul*

Die Frau will, dass der Mann ein Kind bleibt, das aber aussieht wie ein Mann. *Henry de Montherlant*

Ein Mann bleibt gewöhnlich sehr lange unter dem Eindruck, den er auf eine Frau gemacht hat. *Julian Tuwim*

Ein Mann kann mit jeder Frau glücklich sein, solange er sie nicht liebt. *Oscar Wilde*

Der Durchschnittsmann hält sich für überdurchschnittlich. *Unbekannt*

Märtyrer

Ein wahrer Märtyrer ist der, dem man sogar diesen Titel verweigert. *Stanisław Jerzy Lec*

Mäßigkeit

Die Mäßigkeit ist gut und fein, nur darf sie nicht unmäßig sein. *Inschrift am Ratskeller zu Bremen*

Make-up

Gut zurechtgemacht fürs Ausgehen ist eine Frau dann, wenn ihr Begleiter lieber mit ihr zu Hause bliebe.

Olga Tschechowa

Manager

Es ist die Aufgabe des Topmanagers, sich entbehrlich zu machen. *Manfred Köhnlechner*

Markt

Der Markt ist ein von Menschen betriebenes Naturereignis.

Helmar Nahr

Mechanik

In der Mechanik ist es wichtig zu wissen, was man nicht braucht, um etwas zu machen. *James Watt*

Medizin

Die Medizin ist so weit fortgeschritten, dass niemand mehr gesund ist. *Aldous Huxley*

Die Fortschritte der Medizin sind ungeheuer - man ist sich seines Todes nicht mehr sicher. *Hermann Kesten*

Arzt: »Das Medikament, das ich Ihnen verschreibe, hilft Ihnen sicher auch nicht, aber es hat wenigstens keine Nebenwirkungen.« *Unbekannt*

Mehrheit

Die schweigende Mehrheit ruft nach einem Wechsel.
Politiker-Spruch

Meinung

Ich bin nicht immer meiner Meinung. *Paul Valéry*

Er änderte seine Meinung total um 360 Grad. *Unbekannt*

Meister

Zur Meisterschaft eines Meisters gehört es, seine Schüler vor sich zu warnen. *Friedrich Wilhelm Nietzsche*

Melancholie

Melancholie ist das Vergnügen, traurig zu sein. *Victor Hugo*

Menschen

Der Mensch kann die Krone der Schöpfung bleiben - wenn er begreift, dass er sie nicht ist. *Carl Améry*

Wer mit 40 Jahren nicht Misanthrop ist, der hat die Menschen nie geliebt. *Nicolas Chamfort*

Die Menschen, denen wir eine Stütze sind, die geben uns Halt im Leben. *Marie von Ebner-Eschenbach*

Alle Menschen sind verschieden gleich. *Ernst R. Hauschka*

Am rohesten ist oft der ganz Ausgekochte. *Erich Kästner*

Das einzig Echte an manchen Menschen ist ihre Falschheit.
Werner Mitsch

Manche Menschen haben erst genug, wenn sie zu viel haben.
Werner Mitsch

Der Mensch ist laut Statistik unberechenbar. *Werner Mitsch*

Das Beständige am Menschen ist der Wankelmut.
Michel de Montaigne

Gute Menschen sind selten gute Menschenkenner.
Multatuli

Ich glaub' von jedem Menschen das Schlechteste, selbst von mir, und ich hab' mich noch selten getäuscht.
Johann Nepomuk Nestroy

Im Leben lernt der Mensch zuerst gehen und sprechen. Später lernt er dann, still zu sitzen und den Mund zu halten.
Marcel Pagnol

Der Mensch ist das intelligenteste Wesen der Erde, das die größten Dummheiten macht. *Zarko Petan*

Ein Mensch ohne Fehler ist kein vollkommener Mensch.
Alfred Polgar

Viele tun etwas nur deshalb nicht, weil keiner es ihnen verbietet. *Helmut Qualtinger*

Verzwickte Theologie: Es gibt die Meinung, Gott habe den Menschen so geschaffen, wie er nicht sein soll, damit er so wird, wie er nicht ist. *Manfred Rommel*

Menschen, die viel zu sagen haben, brauchen wenig Worte.
Lothar Schmidt

Das Beste, was ein Mensch für einen anderen tun kann, ist doch immer das, was er für ihn ist. *Adalbert Stifter*

Glaube nicht, einen Menschen ganz verstanden zu haben, solange du noch nicht auf das in ihm gestoßen bist, was dir unverständlich bleibt! *Ludwig Strauss*

Die meisten Menschen sind guten Gewissens böse.
Gerhard Uhlenbruck

Nichts ist so menschlich wie das Göttliche. *Paul Valéry*

Was mich betrifft: Je weiter der Nächste von mir entfernt ist, desto lieber liebe ich ihn. *Karl Heinrich Waggerl*

Der Mensch ist das einzige Lebewesen, das in der Lage ist, sich selbst misszuverstehen. *Q.-S.*

Gerade Menschen, die nur an sich denken, kennen sich am wenigsten. *Q.-S.*

Menschenverstand

Kein Ding auf dieser Welt ist besser verteilt als der gesunde Menschenverstand. *René Descartes*

Menschheit

Weil die Menschheit nie wusste, wohin sie ging - nur deshalb hat sie noch immer ihren Weg zu finden vermocht.
Oscar Wilde nach Oliver Cromwell

Militär

Das Militär ist eine Pflanze, die man sorgfältig pflegen muss, damit sie keine Früchte trägt. *Jacques Tati*

Misserfolg

Der Weg zum Misserfolg ist mit Erfolgserlebnissen gepflastert. *Helmar Nahr*

Auch diesen Misserfolg haben wir mit Erfolg überstanden. *Zarko Petan*

Sein Misserfolg ist ihm in den Kopf gestiegen. *Hermann Simon*

Mode

Es wird Mode, dass die Moden schneller aus der Mode kommen. *aus Japan*

Moral

Ein moralisch neutraler Mensch ist ein Monstrum. *Isaac Bashevis Singer*

Alles ist schlechter geworden, nur eines ist besser geworden: Die Moral ist schlechter geworden. *Szene-Spruch*

Die Steigerung von Moral ist Doppelmoral. *Volksweisheit*

Moralität

Moralität ohne Sinn fürs Paradox ist gemein. *Friedrich Schlegel*

Mord

Zweifellos hat es perfekte Morde gegeben, sonst wüsste man ja etwas von ihnen. *Alfred Hitchcock*

Murphy's Law

If anything can go wrong, it will.
If Murphy's Law can go wrong, it will too. *Leitsatz*

Musik
Richard Wagners Musik ist viel besser als sie klingt.
Mark Twain

Mir fehlt etwas, wenn ich keine Musik höre, und wenn ich Musik höre, fehlt mir erst recht etwas. Dies ist das Beste, was ich über Musik zu sagen weiß. *Robert Walser*

Mut
Wer zugibt, dass er feige ist, hat Mut. *Fernandel*

Mut haben heißt das zu tun, wovor Sie Angst haben. Sie können keinen Mut haben, wenn Sie nicht schreckliche Angst verspüren. *Edward V. Rickenbacker*

Es gibt nur wenige Menschen, die so viel Mut haben zuzugeben, dass sie keinen haben. *Peter Ustinov*

N

Nachahmung
Die meisten Nachahmer lockt das Unnachahmliche.
Marie von Ebner-Eschenbach

Gerade das Gegenteil tun ist auch eine Nachahmung.
Georg Christoph Lichtenberg

Nachteil
Der Nachteil des Menschen ist, dass er nur das tut, was für ihn von Vorteil ist. *Gerhard Uhlenbruck*

Nächstenliebe
Liebe deinen Nächsten wie dich selbst, denn jeder ist sich selbst der Nächste. *Karl Kraus*

Nächstenliebe wäre leichter, wenn der Nächste nicht so nahe wäre. *Norman Mailer*

Nahrungsmittel

Es sind leider immer wieder die süßen Nahrungsmittel, die uns das Leben so sauer machen. *Gerhard Uhlenbruck*

Narren

Wer alles ernst nimmt, macht sich selbst zum Narren. *Wolfgang Eschker*

Von zwei Narren hält der größere den kleineren für den größeren. *Emil Gött*

Die Narrenfreiheit scheiterte am Kostümzwang. *Werner Mitsch*

Der größte Narr ist der, der in seinem Leben noch nie eine Torheit begangen hat. *Miguel de Unamuno*

Nationalgefühl

Nationalgefühl hat man, wenn man sich für seine Nation schämt. *Helmut Qualtinger*

Nationen

Jede Nation spottet über die anderen, und alle haben Recht. *Arthur Schopenhauer*

Natur

Wer die Natur beherrschen will, muss ihr gehorchen. *Francis Bacon*

Nichts ist so unnatürlich wie die Natur. *Friedrich Nietzsche*

Das größte Paradoxon der Natur: Zwischen den kleinsten Teilchen wirken die stärksten Kräfte. *Q.-S.*

Natürlichkeit

Nichts hindert uns mehr, natürlich zu sein, als das Bestreben, so zu scheinen. *Samuel Smiles*

Natürlich zu sein ist die schwierigste Pose, die man einnehmen kann. *Oscar Wilde*

Nehmen

Alles kann man mir nehmen, nur das nicht, was ich gegeben habe. *Herbert Eisenreich*

Neid

Um Neid ist keiner zu beneiden. *Wilhelm Busch*

Wer nie beneidet wird, ist nicht beneidenswert. *Lothar Schmidt*

Der Ehrgeiz des Neiders besteht darin, den Beneideten übertreffen zu wollen. *Gerhard Uhlenbruck*

Nestbeschmutzung

Das Nest muss beschmutzt werden! Damit es sauber bleibt. *Oliver Hassencamp*

Neu

Das Neue ist selten das Gute, weil das Gute nur kurze Zeit das Neue ist. *Arthur Schopenhauer*

Neurose

Lassen Sie sich von Ihrem Psychiater nicht wegen jeder Neurose verrückt machen. *Werner Mitsch*

Nichts

Gepriesen sei derjenige, der nichts zu sagen hat und davon absieht, das zu beweisen. *George Eliot*

Nichts fehlt mir, außer ich selbst. *Franz Kafka*

Über das Nichts wurde schon viel geredet. Also muss doch etwas dran sein. *Werner Mitsch*

Das Leben ist die Suche des Nichts nach dem Etwas. *Christian Morgenstern*

I sag gar nix. Dös wird man doch noch sagen dürfen! *Karl Valentin*

Ich habe mit nichts angefangen und ich habe immer noch das meiste davon. *Sponti-Spruch*

Nichts gibt es umsonst. *Volksweisheit*

Nichtstun

Nichtstun bringt nur dann Spaß, wenn man eigentlich viel zu tun hätte. *Noel Coward*

Er tut nichts, und es gibt nichts, was er lieber täte. *Werner Mitsch*

Wenn ich die Kraft dazu hätte, würde ich gar nichts machen. *Motto*

Das einzige Problem beim Nichtstun ist, dass man nicht weiß, wann man fertig ist. *Büro-Weisheit*

Niederlage

Oft kann man durch die eigene Niederlage viel für sich gewinnen. *Gerhard Uhlenbruck*

Nobody

Nobody is perfect.
So »Nobody« is the only one, who is perfect. *Szene-Spruch*

Nörgler

Nörgler sind Leute, die mit ihrer Unzufriedenheit zufrieden sind. *Werner Mitsch*

Nützlichkeit

Keiner ist unnütz. Er kann immer noch als schlechtes Beispiel dienen. *Volksweisheit*

Nullen

Ich stimme mit der Mathematik nicht überein. Ich meine, dass die Summe von Nullen eine gefährliche Zahl ist.
Stanisław Jerzy Lec

O

Oberflächlichkeit

Es gibt ein Genie der Oberflächlichkeit. *Gerhart Hauptmann*

Öffentliche Meinung

Die öffentliche Meinung kann man nur beeinflussen, wenn man gegen sie ist. *Peter Altenberg*

Ökonom

Ein Ökonom ist jemand, der mehr vom Geld versteht als die Leute, die es haben. *John Kenneth Galbraith*

Österreicher

Die Österreicher beneiden die Deutschen um das, was sie selbst um keinen Preis sein möchten. *Hans Habe*

Offenheit

Viele Menschen verstecken sich hinter ihrer Offenheit.
Werner Mitsch

Opportunismus

Opportunismus ist die Stärke der Schwachen.
Volksweisheit

Optimismus

Grundlage des Optimismus ist die nackte Angst.
Oscar Wilde

Manche Menschen stürzen sich aus Verzweiflung in Optimismus. *Q.-S.*

Optimist

Optimisten haben gar keine Ahnung von den freudigen Überraschungen, die Pessimisten erleben. *Peter Bamm*

Sobald ein Optimist ein Licht erblickt, das es gar nicht gibt, findet sich ein Pessimist, der es wieder ausbläst.
Giovannino Guareschi

Ich bin Optimist. Ich glaube an den erlösenden Einfluss des Pessimismus. *Stanisław Jerzy Lec*

Ein Optimist ist ein Mensch, der glaubt, dass die Zukunft ungewiss ist. *Edward Teller*

Ordnung

Zwei Dinge bedrohen die Welt: die Ordnung und die Unordnung. *Paul Valéry*

Organisation

In jeder Organisation gibt es eine Person, die Bescheid weiß. Diese Person muss entdeckt und gefeuert werden, sonst kann die Organisation nicht funktionieren.

Cyril Northcote Parkinson

Originalität

Originalität ist, etwas ganz Allgemeines zu produzieren.

Georg Wilhelm Friedrich Hegel

Niemand kann mit Absicht originell sein.

William Somerset Maugham

P

Paradies

Ich werde die Angst nicht los, dass wir im Paradies alle eines Glaubens sein müssen. Das wäre die Hölle.

Nikolaus Cybinski

Das einzige Paradies ist das verlorene Paradies.

Marcel Proust

Paradoxon

Es ist sehr heiß, äußerte er kalt. *Victor Auburtin*

Paradoxa sind nützlich, sie lenken die Aufmerksamkeit auf Ideen. *Mandell Creighton*

Ein Paradoxon entsteht, wenn eine frühreife Erkenntnis mit dem Unsinn ihrer Zeit zusammenprallt. *Karl Kraus*

Das Paradoxon ist eine Revolte der Vernunft gegen ihre eigene Ohnmacht. *Hans Kudszus*

Die Paradoxa von heute sind die Vorurteile von morgen. *Marcel Proust*

Treffen sich auch die Parallelen ›Erwartung‹ und ›Erfüllung‹ im Unendlichen? Nirgendwo nistet so viel Hoffnung wie in der Paradoxie. *Michael Rumpf*

Das Paradoxon ist der reziproke Wert der Wahrheit. *Lothar Schmidt*

Paradoxa erquicken und trösten, täuschen und spotten zugleich. *Lothar Schmidt*

Alle Wahrheiten erscheinen bei ihrem Auftreten paradox. *Arthur Schopenhauer*

Paradoxa sind wie Gewürze: nicht nährend, aber reizend. *Charles Tschopp*

Mein Name ist Prinz Paradox. *Oscar Wilde*

Paradox ist, wenn ein Goethe-Denkmal durch die Bäume schillert. *Aus den »Fliegenden Blättern«*

Lässt sich ein Paradoxon verstehen? Und wenn ja: Warum ist das falsch? *Unbekannt*

Paradoxa sind die schwarzen Löcher der Logik. *Q.-S.*

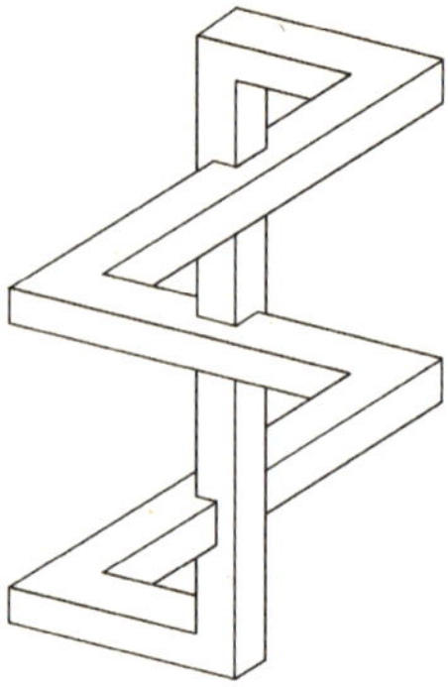

Wer beim Denken nicht auf ein Paradoxon stößt, hat zu früh aufgehört zu denken. *Q.-S.*

Das Dollar-Paradoxon:
Je leichter der Dollar wird, desto tiefer sinkt er.
Lothar Schmidt

Das Köpenik-Paradoxon:
Man bekommt eine Arbeit nur, wenn man einen festen Wohnsitz nachweisen kann. Einen Wohnsitz erhält man allerdings nur dann, wenn man einen festen Arbeitsplatz hat.
nach Carl Zuckmayer

Das Paradoxon der Toleranz:
Wenn man absolut, selbst gegen die Intoleranten, tolerant ist und die tolerante Gesellschaft nicht gegen deren Angriffe verteidigt, werden die Toleranten vernichtet und mit ihnen die Toleranz. *nach Karl Popper*

Das Verkehrs-Paradoxon:
Je schneller einer fährt, desto geringer wird die Wahrscheinlichkeit, dass er sicher ankommt. *Unbekannt*

Paranoid

Wenn einer paranoid ist, heißt das noch lange nicht, dass sie nicht hinter ihm her sind. *Szene-Spruch*

Partei

Die Partei ist die Kampfgemeinschaft von Intimfeinden.
Helmar Nahr

Das Los der Parteien wird von den Parteilosen bestimmt.
Lothar Schmidt

Passieren

Wie schnell ist nichts passiert! *Szene-Spruch*

Patriot

Ein Patriot muss immer bereit sein, sein Land gegen seine Regierung zu verteidigen. *Unbekannt*

Pause

Am Anfang war die Pause. *Zarko Petan*

Pazifisten

Von Pazifisten geht viel Unfrieden aus. *Sinnspruch*

Pessimist

Die glücklichen Pessimisten! Welche Freude empfinden sie, sooft sie bewiesen haben, dass es keine Freude gibt!
Marie von Ebner-Eschenbach

Pessimismus wird nur von Optimisten verbreitet. Die Pessimisten sparen ihn für schlechtere Zeiten auf. *Gabriel Laub*

Grau ist die Lieblingsfarbe der Schwarzmaler. *Werner Mitsch*

So richtig glücklich ist er nur, wenn er unglücklich ist.

Alfred Mohler

Jetzt kommen noch schönere Zeiten für Pessimisten.

Zarko Petan

Pessimisten sind die wahren Lebenskünstler; denn nur sie erleben angenehme Überraschungen. *Marcel Proust*

Pflicht

Pflicht heißt: Lust zu etwas haben, wozu man keine Lust hat.

Gerhard Uhlenbruck

Phantasie

Ein Journalist ohne Phantasie ist schlimm, ein Journalist mit Phantasie ist schlimmer. *Rudolf Augstein*

Phantasie ist etwas, was sich manche Leute gar nicht vorstellen können. *Gabriel Laub*

Er ist voller Phantasie - vor allem beim Schildern von Tatsachen. *Alfred Mohler*

Philosophie

Philosophieren heißt Einsicht gewinnen ins Aussichtslose.

Karlheinz Deschner

Ein gewisses Maß an Philosophie ist nötig, um zu wissen, dass man auf sie verzichten kann. *Karlheinz Deschner*

Philosophie ist, wenn man trotzdem denkt. *Odo Marquard*

Sich über die Philosophie lustig machen, heißt wahrhaft philosophieren. *Blaise Pascal*

Ich glaube, dass schlechte Philosophen einen gewissen Einfluss haben können, gute Philosophen - niemals.

Bertrand Russell

Im Rennen der Philosophie gewinnt, wer am langsamsten laufen kann. Oder: der, der das Ziel zuletzt erreicht.

Ludwig Wittgenstein

Physik

Die moderne Physik ist für die Physiker viel zu schwer.

David Hilbert

Pistole

Man kann mit einer geladenen Pistole umgehen, man kann mit einer ungeladenen Pistole umgehen, aber man kann mit keiner Pistole umgehen, von der man nicht weiß, ob sie geladen oder ungeladen ist. *Friedrich Hebbel*

Plagiat

Wenn ein Plagiat besser ist als das Original, wird das Original zum Plagiat. *Hans Kasper*

Plan

Es fehlt am Plan, wenn zu viele Pläne da sind.

Publilius Syrus

Politik(er)

Die Politiker sind alle gleich: Sie versprechen, selbst dort Brücken zu bauen, wo gar keine Flüsse sind.

Nikita Chruschtschow

Wohl dem Politiker, der auf die schweigende Mehrheit hört.

Wolfgang Eschker

Wer sich nicht mit Politik befasst, hat die politische Parteinahme, die er sich sparen wollte, bereits vollzogen.
Max Frisch

Jeder, der das Amt des Präsidenten anstrebt, ist deswegen schon disqualifiziert. *Thomas Jefferson*

Die Politiker schenken uns den reinsten Wein ein: ohne Beimischung von Wahrheit. *Gabriel Laub*

Er fiel um. Wie steht er jetzt da? *Werner Mitsch*

Politiker lassen sich ihre Unbestechlichkeit bezahlen.
Volksweisheit

Traue nur Politikern, die versprechen, nichts zu versprechen.
Unbekannt

Popularität
Ich bin so populär, dass einer, der mich beschimpft, populärer wird als ich. *Karl Kraus*

Posten
Das Wesen eines hohen Postens ist die Macht, ihn zu missbrauchen. *Joseph A. Schumpeter*

Preis
Manchmal zahlt man den höchsten Preis für Dinge, die man umsonst erhält. *Albert Einstein*

Am kostbarsten sind immer die Dinge, die keinen Preis haben. *Luise Rinser*

Preise

Preise werden verliehen, dürfen aber behalten werden.

Unbekannt

Prinzipien

Mein Prinzip war immer, kein Prinzip zu haben.

Charles de Talleyrand

Ich bin aus Prinzip gegen Prinzipien. *Tristan Tzara*

Prioritäten

Ich und keine Prioritäten? Das ist doch lächerlich! Ich habe fünfundzwanzig, mindestens. *Büro-Weisheit*

Privatangelegenheiten

Ich mische mich nicht gern in meine Privatangelegenheiten.

Karl Kraus

Privilegien

Unterprivilegierte werden bevorzugt benachteiligt.

Werner Mitsch

Privilegien für alle! *Sponti-Spruch*

Probieren

Wenn es nicht geht, probieren Sie etwas anderes, vielleicht geht's dann auch nicht. *Computer-Ratschlag*

Problem

Die Hauptursache aller Probleme sind Lösungen.

Arthur Bloch (»Murphys Gesetz«)

Im Sinne Platons:
Die Idee eines Problems ist wiederum ein Problem.

Professor

Von einem ordentlichen Professor werden außerordentliche Leistungen erwartet, bei einem außerordentlichen Professor können es auch ordentliche sein. *Studenten-Spruch*

Profilierungssucht

Es sind ausgerechnet die besonders Glatten, die an Profilierungssucht leiden. *Gerhard Uhlenbruck*

Prognose

Der sicherste Zeitpunkt für eine Prognose ist kurz nach dem Ereignis. *Winston Churchill*

Propheten

Man kann von den Propheten nicht verlangen, dass sie sich immer irren. *Voltaire*

Prosa

Es ist ein Drama, wenn man Prosa für Lyrik ausgibt.

Wolfgang Eschker

Protest

Protest ist heute einer der bemerkenswertesten Formen der Anpassung. *Johannes Gross*

Prüfung

Professor: »Mit dem, was Sie nicht wissen, könnten leicht drei weitere Kandidaten durch die Prüfung fallen.«

Unbekannt

Psychiater

Psychiater sind die Röntgenologen der Seele. *Unbekannt*

Nur ein Irrer selbst hätte eigentlich die Voraussetzungen zu einem Psychiater, der ihn wirklich versteht. *Q.-S.*

Psychoanalyse

Psychoanalyse ist jene Geisteskrankheit, für deren Therapie sie sich hält. *Karl Kraus*

Psychoanalyse will Mut zur Angst machen. *Q.-S.*

Psychose

Patient: »Herr Doktor, ich denke ständig, ich sei ein Hund.« Arzt: »Hm, dann legen Sie sich mal auf die Couch.« - »Ich darf nicht auf die Couch.« *Unbekannt*

Pubertät

Pubertät ist, wenn die Eltern schwierig werden. *Unbekannt*

Publikum

Das Stück war ein großer Erfolg. Nur das Publikum ist durchgefallen. *Oscar Wilde*

Pünktlichkeit

Mit seiner Pünktlichkeit vertut der Pünktliche viel Zeit. *Oliver Hassencamp*

Komme vielleicht bestimmt. *Telegramm von Karl Valentin*

Q

Qual

So sind am härtesten wir gequält:
Im Reichtum fühlend, was uns fehlt.
Johann Wolfgang von Goethe

Qualität

Man achte immer auf Qualität. Ein Sarg zum Beispiel muss fürs Leben halten. *Kurt Tucholsky*

Qualitätsware
Qualitätsware ist ein Artikel, der hält, bis er bezahlt ist.
Volksweisheit

Quantenmechanik
Wen die Quantenmechanik nicht verwirrt, der hat sie nicht wirklich verstanden. *Niels Bohr*

Quellen
Sonderbar, sehr sonderbar: So viele Quellen! Und dennoch so trocken!
George Bernard Shaw (über einen Geschichtsvortrag)

Querlegen
Es gibt zwei Wege für den politischen Aufstieg:
Entweder man passt sich an oder man legt sich quer.
Konrad Adenauer

R

Radikaler
Ein Radikaler ist ein Mann, der mit beiden Beinen fest in der Luft steht. *Franklin Delano Roosevelt*

Rahmen
Aus dem Rahmen zu fallen, ist ein beliebter Trick, um sich ins Bild zu bringen. *Q.-S.*

Rasieren
Der einzige Barbier von Sevilla darf die - und nur die - Männer der Stadt rasieren, die sich nicht selbst rasieren. Wer rasiert den Barbier? *sog. Russell-Paradoxon*

Rat
Hat einer Verstand genug, einen guten Rat zu geben, so hat er meist auch Verstand genug, ihn für sich zu behalten. *Jean Paul*

Höre auf jeden Rat und befolge keinen! Also auch diesen nicht. *Roda Roda*

Rationalität

Ein Mensch, der sich für die Rationalität entscheidet, entscheidet sich für den irrationalen Glauben an die Vernunft.

Karl R. Popper

Ratlosigkeit

Nur zwischen Geistern, die bestrebt sind, ihre Ratlosigkeit zu festigen, ist ein Gespräch fruchtbar. *Emile Michael Cioran*

Realismus

Der einzige wahre Realist ist der Visionär. *Federico Fellini*

Der Realist vertieft sich in die Oberfläche. *Werner Mitsch*

Heutzutage ist kaum etwas realistischer als Utopien.

Thornton Niven Wilder

Seid realistisch – fordert das Phantastische! *Sponti-Spruch*

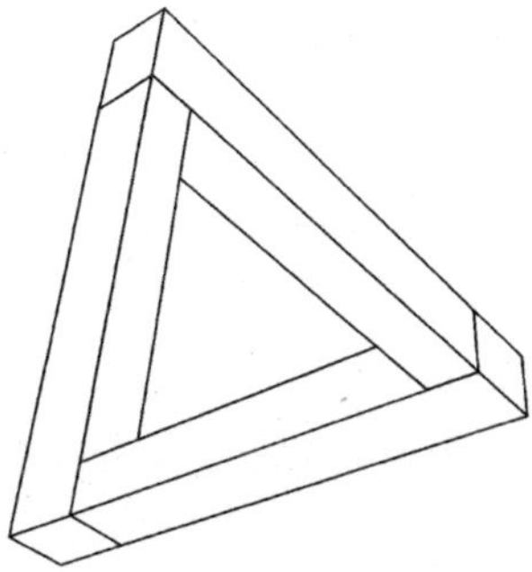

Realität

In der Realität ist die Wirklichkeit ganz anders. *Unbekannt*

Rechnung

»Herr Ober, flambieren Sie die Rechnung.« *Unbekannt*

Recht

Solange der Mensch ein Recht auf alles hat, mangelt es ihm an allem. *Edmund Burke*

Das höchste Recht ist das höchste Unrecht. *Cicero*

Das Recht ist eine Gewalt, die der Gewalt das Recht streitig macht. *Hans Kudszus*

Reden

Reden kann nichtssagend sein, Schweigen nicht. *Elazar Benyoetz*

Wer gut sprechen will, muss wenig reden. *Christina von Schweden*

Das ist einer, mit dem man reden kann, sagt man über jemanden, der zuzuhören versteht. *Q.-S.*

Redner

Merkt euch, ihr Redner auf feierlichen Anlässen und Festveranstaltungen: Die zweite halbe Stunde jeder Ansprache dauert drei Stunden länger als die erste. *Julian Tuwim*

Reformen

Wir brauchen dringend Reformen, damit alles beim Alten bleibt. *Sponti-Spruch*

Regeln

Keine Regel ohne Ausnahme, auch von dieser nicht.

Unbekannt

Regierung

Diejenige Regierung ist die beste, die sich überflüssig macht.

Wilhelm von Humboldt

Wie wird die Welt regiert und in den Krieg geführt? Diplomaten belügen Journalisten und glauben es, wenn sie's lesen. *Karl Kraus*

Eine Regierung, die nichts wert ist, kostet am meisten.

Lothar Schmidt

Reichtum

Reich ist man nicht, wenn man Geld hat, sondern wenn man Dinge liebt, die man mit Geld nicht kaufen kann.

Robert Lembke

Der eigentliche Sinn des Reichtums ist, freigebig davon zu spenden. *Blaise Pascal*

Den größten Reichtum hat, wer arm ist an Ansprüchen.

Seneca

Ein Mann ist reich im Verhältnis zur Zahl der Dinge, auf die er verzichten kann. *Henry David Thoreau*

Reise

Für die Reise ist es Nebensache, was wir packen; wichtig ist, was wir zu Hause lassen. *Q.-S.*

Religion

Das Beste an der Religion sind selten ihre Ketzer, oft das Schlimmste aber ihre Heiligen. *Karlheinz Deschner*

Es ist am Ende an der Religion das Beste, dass sie Ketzer hervorruft. *Friedrich Hebbel*

Die Religionen leben von unseren Sünden.
Michel de Montaigne

Rente

Die Rente ist sicher nicht sicher. *Volksmeinung*

Resignation

Resignation ist die passivste Form der Anpassung.
Gerhard Uhlenbruck

Respekt

Vor mancher Respektlosigkeit muss man Respekt haben.
Rupert Schützbach

Rettung

Die einzige Rettung für die Besiegten ist, auf keine Rettung mehr zu hoffen. *Vergil*

Reue

Reue wäre überflüssig, wenn sie vorher käme. *Alfred Mohler*

Revolution

Oft sind Revolutionen Reformen vorzuziehen. Sie verändern weniger. *Johannes Gross*

Richtig

In zweifelhaften Fällen entscheide man sich für das Richtige.
Karl Kraus

Das ist nicht richtig, das ist nicht einmal falsch.
Wolfgang Pauli

Risiko

Das größte Risiko auf Erden laufen Menschen, die nie das kleinste Risiko eingehen wollen. *Bertrand Russell*

Wer zum Risiko bereit ist, geht oft sehr weit, um nicht zu kurz zu kommen. *Lothar Schmidt*

Rolle spielen

Wer keine Rolle spielt, spielt die schlimmste.
Karlheinz Deschner

Roman

Ich hab's noch nicht versucht, aber ich glaube, ich müsste mir erst zureden und dann die Augen schließen, um einen Roman zu lesen. *Karl Kraus*

Jeder historische Roman vermittelt ein ausgezeichnetes Bild von der Epoche des Verfassers. *Kurt Tucholsky*

Ruder

Schade, dass die meisten sofort aufhören zu rudern, wenn sie ans Ruder gekommen sind. *Alfred Polgar*

Rückschritt

In der falschen Richtung bedeutet Rückschritt schon einen Fortschritt. *Sponti-Spruch*

Ruf

Mein Ruf wird bei jedem Fehlschlag besser.
George Bernard Shaw

Ruhe

Wenn wir die ersehnte Ruhe endlich haben werden, werden wir nichts mehr von ihr haben. *Marie von Ebner-Eschenbach*

Ruhm
Die größte Niedertracht des Menschen ist sein Streben nach Ruhm, aber gerade dieses ist auch das Zeichen, dass er etwas Höheres ist. *Blaise Pascal*

Der Ruhm ist vergänglich, Namenlosigkeit ist für ewig.
Unbekannt

Ruine
Alles soll man ruinieren, nur keine Ruine, weil diese nie wieder zu ersetzen ist. *Jean Paul*

Sache
Manchmal muss man abschweifen, um zur Sache zu kommen. *Unbekannt*

Säuberungswellen
Säuberungswellen sind eine schmutzige Sache.
Wolfgang Eschker

Sagen
Wer etwas zu sagen hat, der trete vor und schweige.
Karl Kraus

Wer das Sagen hat, kann sich das Schweigen leisten. *Q.-S.*

Satz
Der folgende Satz ist falsch:
Der vorhergehende Satz ist richtig. *Unbekannt*

Schaden
Wer den Schaden hat, spottet jeder Beschreibung.
Heinz Erhardt

Schafe

Je schwärzer die Schafe, desto bunter ihr Treiben. Q.-S.

Schatten

Lucky Luke, der Comic-Held des belgischen Zeichners Morris, konnte seinen Colt schneller ziehen als sein Schatten.
Maurice de Bévère, alias Morris

Schenken

Unverlierbar ist nur, was man verschenkt. *Hans Lohberger*

Schicksal

Das Schicksal ist viel zu ernst, als dass man es dem Zufall überlassen könnte. *Peter Ustinov*

Schlagfertigkeit

Schlagfertigkeit ist etwas, worauf man erst 24 Stunden später kommt. *Mark Twain*

Schlankheit

Es gibt nur einen Weg schlank zu bleiben: Essen Sie, so viel Sie wollen, von allem, was Sie nicht mögen. *Alec Guiness*

Schmeichelhaftes

Man hat mir schon oft Schmeichelhaftes gesagt, und es hat mich jedes Mal in Verlegenheit gebracht. Ich hatte stets den Eindruck, es sei zu wenig. *Mark Twain*

Schmerz

Wir fühlen den Schmerz, aber nicht die Schmerzlosigkeit; wir fühlen die Sorge, aber nicht die Sorglosigkeit; die Furcht, aber nicht die Sicherheit. *Arthur Schopenhauer*

Schmuggeln

Schmuggeln ist nur da möglich, wo es verboten ist.
Werner Mitsch

Schönheit

Schönheit ist Tiefe der Fläche. *Christian Friedrich Hebbel*

Schöpfung

Wäre der Mensch die Krone der Schöpfung, sie wäre mir noch unerklärlicher. *Oliver Hassencamp*

Der Mensch muss die Schöpfung manipulieren, um sie vor ihm selbst zu retten. *Hubert Markl*

Schreiben

Gar nichts ist immer das Beste, was einer überhaupt schreiben kann. *Bertolt Brecht*

Schriftsteller

Schriftsteller ist jemand, dem das Schreiben schwerer fällt als anderen. *Thomas Mann*

Freie Schriftsteller sind jene, die zum Schreiben gezwungen sind. *Q.-S.*

Schulden

Es wäre der größte Leichtsinn, Schulden zu machen, wenn man die Absicht hätte, sie zu bezahlen. *Egon Friedell*

Schule

Aus der Schulzeit sind mir nur die Bildungslücken in Erinnerung geblieben. *Oskar Kokoschka*

Schwäche

Die stärkste Kraft reicht nicht an die Energie heran, mit der manch einer seine Schwäche verteidigt. *Karl Kraus*

Schweigen

Manchmal hängt alles davon ab, ob du eloquent genug bist, die anderen glauben zu machen, dass du schweigen kannst. *Wiesław Brudziński*

Schweigende verstehen sich in allen Sprachen. *Wolfgang Eschker*

Auch Schweigen kann ein Echo hervorrufen. *Wolfgang Eschker*

Schweigen kann so laut sein, dass es nicht zu überhören ist. *Johann Wolfgang von Goethe*

Das Schweigen klingt in jeder Sprache anders. *Werner Mitsch*

Er schwieg, und nur ganz wenige wussten, was er damit sagen wollte. *Werner Mitsch*

Es gibt nichts Schöneres, als dem Schweigen eines Dummkopfs zuzuhören. *Helmut Qualtinger*

Ich glaube an die Kraft des Schweigens. Ich könnte stundenlang darüber reden. *George Bernard Shaw*

Schweigen kann die grausamste Lüge sein. *Robert Louis Balfour Stevenson*

Schweiz
Die Schweiz ist die einzige Insel ohne Meer. *Redensart*

Schwierig
»Bin ich schwierig?«, fragte Karl Popper einmal einen Schüler. Der antwortete: »Nur ein schwieriger Mensch kann eine solche Frage stellen.« *Karl Popper*

Seele
Für den Materialisten ist die Seele ein Fremdkörper.
Werner Mitsch

Seelenheil
Wer nichts Höheres kennt als das eigene Seelenheil, ist schon verdammt. *Johannes Gross*

Sehen
Sprich, damit ich dich sehe! *Sokrates*

Seiten
Es hat alles zwei Seiten. Aber erst wenn man erkennt, dass es drei sind, erfasst man die Sache. *Heimito von Doderer*

Selbstaufopferung
Selbstaufopferung sollte polizeilich verboten werden. Sie wirkt so demoralisierend auf die Menschen, für die man sich aufopfert. *Herbert Spencer*

Selbstbewusstsein
Das Selbstbewusstsein der Deutschen ist dadurch charakterisiert, dass es ihnen an Selbstbewusstsein fehlt.
Johannes Gross

Selbsterkenntnis
Eigentlich bin ich ganz anders, nur komm' ich so selten dazu.
Ödön von Horvath

Bis einer sich selbst kennen gelernt hat, hat er sich schon längst wieder verändert. *Richard Münzer*

Selbsthilfegruppe

Der Begriff »Selbsthilfegruppe« ist entweder vorne falsch oder hinten nicht richtig. *Unbekannt*

Selbstmord

Es gibt noch viele, die ganz stolz den Selbstmord eine Feigheit nennen – sie sollen's erst probieren, nachher sollen's reden. *Johann Nepomuk Nestroy*

Er machte einen Selbstmordversuch, und das rettete ihm das Leben. *Kurt Tucholsky*

Selbstverwirklichung

I've got to be me. It's a dirty job but somebody has to do it. *Laurence J. Peter*

Selfmademan

Ein Selfmademan ist jemand, der an das Glück glaubt und seine Söhne nach Oxford schickt. *Christina Stead*

Senilität
Das Gute an der Senilität ist, dass sie einen selbst hindert, sie zu bemerken. *Alfred Polgar*

Sensibel
Manche Patienten sind so sensibel, dass sie vor jeder Injektion eine Beruhigungsspritze brauchen. *Werner Mitsch*

Sex
Beim ordentlichen Sex geht es oft drunter und drüber. *Unbekannt*

Sexualkunde: Hausaufgaben verboten! *Schüler-Spruch*

Shakespeare
Die Werke von Shakespeare sind nicht von Shakespeare, sondern von einem Mann, der seinen Namen trug. *Mark Twain*

Sicherheit
Das Einzige, dessen ich sicher bin, ist die Erkenntnis, dass es nichts gibt, dessen ich sicher sein kann. *William Somerset Maugham*

Sicher ist, dass nichts sicher ist. *Karl Valentin*

Sieg
Noch einen solchen Sieg und wir sind verloren. *Pyrrhus*

Sieger
Seinen Triumph verdankt der Sieger dem Verlierer, nicht dem Publikum. *Q.-S.*

Simulant
»Herr Doktor, der Simulant von Zimmer 5 ist gestorben.« – »Also, jetzt übertreibt er wirklich ein bisschen.« *Unbekannt*

Sinn

Sei nicht so misstrauisch - wittere nicht überall einen Sinn!

Wiesław Brudziński

Die Undefiniertheit des Seins dispensiert nicht von der Frage nach einem Sinn, sondern fordert dazu gerade auf.

Martin Heidegger

Skandal

Der Skandal fängt an, wenn die Polizei ihm ein Ende macht.

Karl Kraus

Skeptiker

Das Positive am Skeptiker ist, dass er alles für möglich hält.

Thomas Mann

Sklave

Ich bin mein eig'ner Sklav', denn ich bin Herr über mich, und als solcher halt' ich den Sklaven zur Arbeit an.

Johann Nepomuk Nestroy

Snobismus

Der wahre Snob bemüht sich um Orden nur, um sie nicht zu tragen. *Felix von Eckhardt*

Snobismus ist die Übertreibung der Untertreibung.

Peter Ustinov

Socken

Wozu Socken? Sie schaffen nur Löcher! *Albert Einstein*

Sofa

Das Neueste von der Möbelmesse: Antike Sofas setzen sich mehr und mehr durch. *Unbekannt*

Sollen

Das Wort »sollte« sollte man aus dem Wortschatz streichen.

Leitspruch

Sonderangebot
»Warum hast du so viel Geld ausgegeben?«
»Ich hab' einen billigen Laden entdeckt!« *Einkaufslogik*

Sonne
Nichts Schöneres unter der Sonne, als unter der Sonne zu sein. *Ingeborg Bachmann*

Kann in einem Reich die Sonne aufgehen, in dem sie niemals untergeht? *Wolfgang Eschker*

Sonnenenergie
Die Sonnenenergie hat auch ihre Schattenseiten. *Q.-S.*

Sorge
Sorge ist wie ein kostbarer Schatz, den man nur Freunden zeigt. *Sprichwort aus Madagaskar*

Sozialismus
Der Sozialismus wird erst siegen, wenn es ihn nicht mehr gibt. *Kurt Tucholsky*

Sparen
Es wird gespart, egal was es kostet. *Volksweisheit*

Sparsamkeit
Jeder erwartet vom Staat Sparsamkeit im Allgemeinen und Freigebigkeit im Besonderen. *Anthony Eden*

Die Schwaben gehen nur mit ihrer Sparsamkeit verschwenderisch um. *Volksweisheit*

Spaß

Erlaubt ist, was Spaß macht. Und Spaß macht, was nicht erlaubt ist. *Werner Mitsch*

Spaziergänger

Einsamer Spaziergänger trifft einsamen Spaziergänger: »Ich gehe am liebsten allein.« – »Ich auch; dann könnten wir doch zusammen gehen.« *nach Schopenhauer*

Spekulieren

Es gibt im Leben eines Menschen zwei Momente, in denen er nicht spekulieren sollte: wenn er es sich nicht erlauben und wenn er es sich erlauben kann. *Mark Twain*

Spiel

Wenn nichts auf dem Spiel steht, kann man alles aufs Spiel setzen. *Gerhard Uhlenbruck*

Spielen

Spielen ist eine Tätigkeit, die man gar nicht ernst genug nehmen kann. *Jacques Cousteau*

Spieler

Spieler sind Menschen, die sich dem Zufall anheim geben und ihn dennoch zu überlisten hoffen. *Q.-S.*

Spielzeug

Ein unzerbrechliches Spielzeug ist sehr nützlich, um anderes Spielzeug zu zerbrechen. *Eltern-Erfahrung*

Spione

Wenn alle Spione aussähen wie Spione, könnten sie keine Spione sein. *Primo Levi*

Spitze
Manch einer gelangt deshalb an die Spitze, weil er keine Fähigkeit besitzt, derentwegen man ihn unten festhalten möchte. *Peter Ustinov*

Spontaneität
Spontaneität will wohl überlegt sein. *Volksweisheit*

Sport
Der Sport ist dazu da, dass man gesünder stirbt und nicht dazu, dass man länger lebt. *Ludwig Prokop*

Sportwagen
Ein Sportwagen ist eine Sitzgelegenheit, die es uns ermöglicht, von unten auf andere herabzuschauen. *Robert Lembke*

Sprache
Der Mensch ist nur Mensch durch Sprache; um aber Sprache zu erfinden, müsste er schon Mensch sein.
Wilhelm von Humboldt

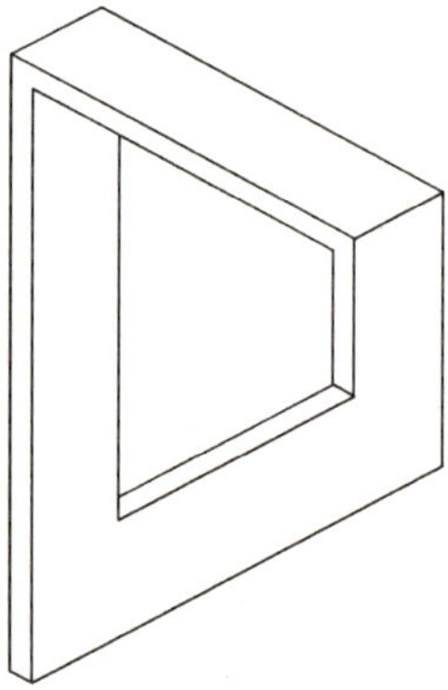

Wer übersetzt werden kann (ins Französische wenigstens), verdient nicht übersetzt zu werden. *Jean Paul*

Österreich und Deutschland sind durch die gemeinsame Sprache getrennt. *Karl Kraus*

Die Sprach' soll uns auszeichnen vor die Tier', und mancher zeigt grad' durch das, wann er redt, was er für a Viech is.
Johann Nepomuk Nestroy

Die Sprache ist dem Menschen gegeben, um seine Gedanken zu verbergen. *Charles de Talleyrand*

Wir sprechen nur deshalb so viel, weil wir uns nicht ausdrücken können. *Rahel Varnhagen von Ense*

Nichts ist leichter, als sich schwierig auszudrücken.
Karl Heinrich Waggerl

In science people all over the world speak English, only the British have a funny accent. *Unbekannter Wissenschaftler*

Sprichwörter

Sprichwörter widersprechen sich. Und das ist eben Volksweisheit. *Stanisław Jerzy Lec*

Stadt

Großstadt: Massenansiedlung von Einsiedlern. *Ron Kritzfeld*

Stärke

Es ist eine Stärke, Schwäche zeigen zu können, und es ist eine Schwäche, immer Stärke zeigen zu wollen.
Gerhard Uhlenbruck

Was alles muss man, weil man nicht stark ist, auf sich nehmen! *Martin Walser*

Wer seiner Stärke erliegt, offenbart seine Schwäche. *Hellmut Walters*

Es ist eine große Stärke, wenn man seine Schwächen kennt. *Chinesische Weisheit*

Standpunkt

Je schwächer ein Standpunkt, desto verbissener wird er verteidigt. *Q.-S.*

Statistik

Wer führt Statistik darüber, wie viel Unfälle durch Warnschilder und Wegweiser passieren? *Stanisław Jerzy Lec*

17 % aller Autounfälle werden von betrunkenen Autofahrern verursacht! Das bedeutet, dass 83 % aller Unfälle von nicht betrunkenen Autofahrern verursacht werden!! Warum kann man diese nüchternen Idioten nicht von der Straße fern halten, um unsere Sicherheit dramatisch zu verbessern!!! *Unbekannt*

Staunen

Nur darüber sollte man staunen, dass man noch staunen kann. *La Rochefoucauld*

Stehen bleiben

Wo kämen wir denn da hin, wenn wir stehen blieben. *Unbekannt*

Sterben

Bestünde das Sterben aus Geistaufgeben, so wären Millionen unsterblich. *Karl Julius Weber*

Alkohol und Nikotin rafft die halbe Menschheit hin - ohne Bier und ohne Rauch stirbt die andere Hälfte auch.

Wirtshaus-Spruch

Steuererklärung

Erst beim Abfassen der Einkommensteuererklärung kommt man dahinter, wie viel Geld man sparen würde, wenn man gar keines hätte. *Fernandel*

Stille

Die größte Offenbarung ist die Stille. *Lao-Tse*

Großstadtbewohner sind Menschen, die die Stille oft mehr aus der Ruhe bringen kann als der Lärm. *Werner Mitsch*

Stillschweigen

Hinreichender Stoff zum Stillschweigen!

Georg Christoph Lichtenberg

Stimmung

Es gibt Stimmungen und Erkenntnisse, die kann man nur in Worten ausdrücken, die es noch nicht gibt. *Gottfried Benn*

Stolz

Die stolzen Leute sollten bedenken, dass sie auch einmal nicht mehr waren als unsereins. Aber wenn's das bedächten, so wären's keine stolzen Leut'.

Johann Nepomuk Nestroy

Streik

- ein Mittel zum Zwecke des maximalen Existenzminimums.

Werner Mitsch

Stress

Stress ist eine paradoxe Hetze: Man wird von den Terminen gejagt, die nicht hinter einem, sondern vor einem liegen.

Gerhard Uhlenbruck

Strick

Wenn alle Stricke reißen, häng' ich mich auf.

Österreichischer Spruch

Substitution

Das Fremdwort »Substitution« lässt sich gut durch das Wort »Ersatz« substituieren. *Vorsatz*

Subvention

Ich habe gehört, dass man durch die Nichtaufzucht von Schweinen Geld verdienen kann. Ich bin bereit, mein Geschäft auf die Nichtaufzucht von tausend Schweinen auszuweiten. *Manfred Rommel*

T

Tagung

Es tagt und tagt und will nicht heller werden.

Albert Schweitzer

Takt

Takt besteht darin, dass man weiß, wie weit man zu weit gehen darf. *Jean Cocteau*

Talent

Manche Talente bewahren ihre Frühreife bis ins späte Alter.

Karl Kraus

Taten

Jedermann ist großer Taten fähig. Leider wurde nicht jedermann daran gehindert. *Wiesław Brudziński*

Man glaubt gar nicht, wie schwer es oft ist, eine Tat in einen Gedanken umzusetzen. *Karl Kraus*

Nicht geschehene Taten lösen oft einen katastrophalen Mangel an Folgen aus. *Stanisław Jerzy Lec*

Technik

Technik ist die Anstrengung, Anstrengungen zu vermeiden. *José Ortega y Gasset*

Teufel

Der Teufel ist ein Optimist, wenn er glaubt, er könne die Menschen noch schlechter machen als sie es schon sind. *Karl Kraus*

Theoretiker

Ein Theoretiker ist ein Mensch, der praktisch nur denkt. *Werner Mitsch*

Theorie

Sterbende Theorien haben die treuesten Anhänger. *Q.-S.*

Tiefe

Die Tiefe muss man verstecken. Wo? An der Oberfläche. *Hugo von Hofmannsthal*

Tod

Ich habe keine Angst vor dem Tod - ich möchte nur nicht dabei sein, wenn es passiert. *Woody Allen*

Der Tod ist ein Zustand der Vollkommenheit, der einzige, der für einen Sterblichen erreichbar ist. *Emile Michael Cioran*

Es gibt keinen Grund, Angst vor dem Tode zu haben; solange wir leben, ist er nicht da, wenn er aber gekommen ist, sind wir nicht mehr da. *Epikur*

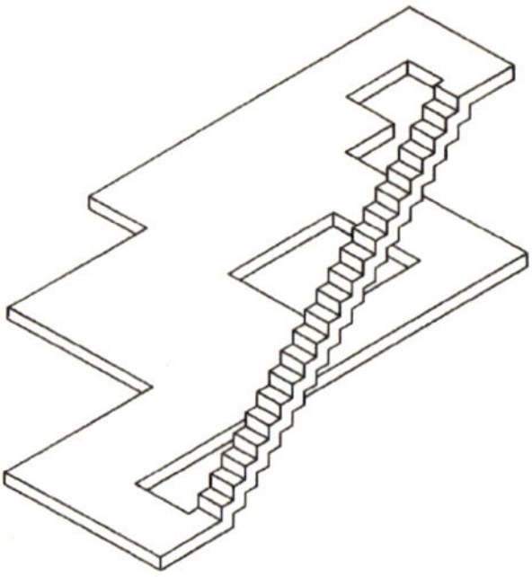

»Töten Sie mich, sonst sind Sie ein Mörder.«
Letzte Worte von Franz Kafka

Den Tod fürchten die am wenigsten, deren Leben am meisten Wert hat. *Immanuel Kant*

Der natürliche Tod ist der Selbstmord der Natur.
Friedrich Nietzsche

Der Tod ist die Ruhe, aber der Gedanke an den Tod ist der Störer jeglicher Ruhe. *Cesare Pavese*

Der Tod ist der Beginn der Unsterblichkeit.
Maximilien de Robespierre

Was ist der Tod? Der Tod ist nichts als der lebendige Beweis, dass kein Mensch in der Welt unentbehrlich ist.
Moritz Saphir

Mit dem Tod ist alles aus. Auch der Tod? *Kurt Tucholsky*

In den meisten Fällen ist die Todesursache eines Menschen sein Leben. *Voltaire*

Umsonst ist der Tod, aber er kostet das Leben. *Volksweisheit*

Wer früher stirbt, hat ein längeres ewiges Leben.
Religions-Weisheit

»Herr Doktor, ich habe Angst, vor der Pforte des Todes zu stehen.« - »Keine Angst, mein Lieber, wir bringen Sie da schon heil durch.« *Unbekannt*

Der Tod ist eine flüchtige Bekanntschaft, die für die Ewigkeit dauert. *Q.-S.*

Toleranz

Im Namen der Toleranz sollten wir das Recht beanspruchen, die Intoleranz nicht zu tolerieren. *Karl R. Popper*

Er ist ein Toleranzfanatiker. *Unbekannt*

Ich bin ja wirklich nicht tolerant, aber das geht zu weit!
Sponti-Spruch

Totenmaske

Die Totenmaske sieht besonders lebensecht aus. *Unbekannt*

Tourismus

Der Tourismus zerstört, was er sucht, indem er es findet.
Hans Magnus Enzensberger

Lebensweisheit des Massentourismus: im Sommer in die Hitze, im Winter in die Kälte reisen. *Johannes Gross*

Tradition

Die Ablehnung von Tradition ist in modernen Gesellschaften zur Tradition geworden. *Niclas Luhmann*

Stolz sein sollte ein Volk vor allem auf die Traditionen, die es nicht hat. *Helmut Qualtinger*

Wenn wir wollen, dass alles so bleibt, wie es ist, dann ist es nötig, dass sich alles ändert. *Giuseppe Tomasi di Lampedusa*

Tragödie

Es gibt zwei Tragödien im Leben. Die eine besteht darin, nicht zu bekommen, was das Herz begehrt. Die andere ist die, es zu bekommen. *George Bernard Shaw*

Trend

- das ist, wenn alle in eine bestimmte Richtung laufen, weil alle in diese Richtung laufen. *George Mikes*

Treue

Wie wenig Verlass ist auf eine Frau, die sich auf einer Treue ertappen lässt! Sie ist heute dir, morgen einem anderen treu. *Karl Kraus*

Trinken

Zu viel kann man wohl trinken,
Doch nie trinkt man genug. *Gotthold Ephraim Lessing*

Trinker sind Menschen, die sich mit Alkohol über Wasser halten. *Werner Mitsch*

Was wir trinken, ist ein Tropfen. Was wir nicht trinken, ist ein Ozean. *Anonymer Alkoholiker*

Je voller einer ist, desto weniger wird er für voll genommen. *Trinker-Spruch*

Trotz

Der Trotz ist die einzige Stärke der Schwachen - und eine Schwäche mehr. *Arthur Schnitzler*

Tun

Viele tun etwas nur deshalb nicht, weil keiner es ihnen verbietet. *Helmut Qualtinger*

Nichts erfordert mehr Geist, als nichts zu tun zu haben und trotzdem nichts zu tun. *Karl Heinrich Waggerl*

Übel

Je mehr Leute sich für das kleinere Übel entscheiden, desto größer wird es. *Michael Augustin*

Eingebildete Übel gehören zu den unheilbaren.
Marie von Ebner-Eschenbach

Überfluss

Mit dem Überfluss hat der Mensch seine liebe Not.
Werner Mitsch

Der Mensch ist das Wesen, das des Überflüssigen, des scheinbar Überflüssigen, notwendig bedarf.
nach José Ortega y Gasset

Das Ende des Überflusses war überflüssig, wir hätten es uns von Anfang an »ersparen« können. *Gerhard Uhlenbruck*

Das Überflüssige, eine höchst notwendige Sache. *Voltaire*

Übergangsmantel

Am längsten tragen wir den Übergangsmantel.

Günther Debon

Überzeugung

Er besitzt keine Überzeugung, aber die verteidigt er leidenschaftlich. *Hans Habe*

Uhr

Eine stillstehende Uhr hat doch täglich zweimal richtig gezeigt und darf nach Jahren auf eine lange Reihe von Erfolgen zurückblicken. *Marie von Ebner-Eschenbach*

Entweder ist meine Uhr stehen geblieben oder dieser Mann ist tot.

Groucho Marx, einem Kranken den Puls fühlend

Seltsam: Wenn eine Standuhr geht. *Bernhard Pollak*

Jemand mit einer Uhr weiß immer genau, wie spät es ist. Hat einer aber zwei Uhren, ist er sich nie ganz sicher. *Unbekannt*

Umgang

Man erkennt einen Menschen am sichersten im Umgang, den er meidet. *Edgar Allan Poe*

Umkehr

Wie oft ist Umkehr die einzige Möglichkeit, um weiterzukommen. *Q.-S.*

Umwelt

Ich bin in einer Umwelt aufgewachsen, in der es noch keine »Umwelt« gab. *Peter Bamm*

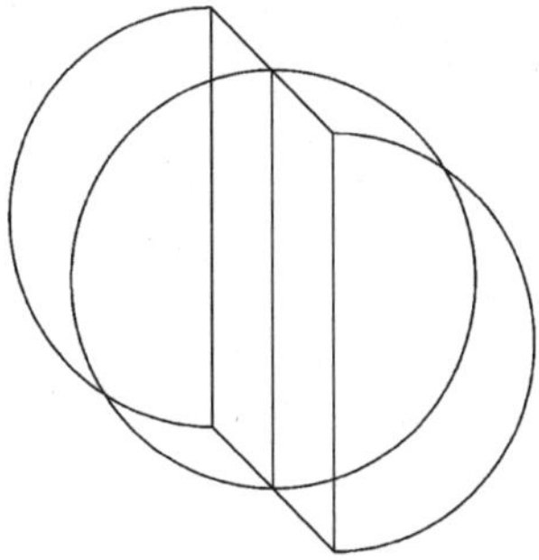

Unbeständigkeit

Nichts auf dieser Welt ist beständig, außer der Unbeständigkeit. *Jonathan Swift*

Unbezahlbarkeit

Auf dem Markt der Welt kann jeder billig kaufen, der sich mit dem Unbezahlbaren begnügt. *Karl Heinrich Waggerl*

Undankbarkeit

- ein dankbares Thema. *Werner Mitsch*

Die Undankbarkeit steht oft in keinem Verhältnis zur empfangenen Wohltat. *Karl Kraus*

Understatement

- übertriebene Untertreibung. *Lothar Schmidt*

Unendlichkeit

Die Unendlichkeit und das Ewige sind das einzig Gewisse.
Sören Kierkegaard

Unentbehrlichkeit

Sobald du glaubst, ohne dich ginge es nicht, geht es ohne dich besser. *Büro-Weisheit*

Unentschlossenheit

Ich stehe zu meiner Unentschlossenheit, basta! *Unbekannt*

Unerwartetes

Wer nicht Unerwartetes erwartet, wird das Unerwartete nicht finden, weil es schwer aufspürbar und unzugänglich ist.

Heraklit

Ungerechtigkeit

Ungerechtigkeit ist relativ leicht zu ertragen; was schmerzt, ist Gerechtigkeit. *Henry Louis Mencken*

Die schlimmste Art der Ungerechtigkeit ist vorgespielte Gerechtigkeit. *Platon*

Ungerechtigkeit sollte allen gleich zugemessen sein.

Julian Tuwim

Ungewissheit

Es ist nicht gewiss, dass alles ungewiss ist. *Blaise Pascal*

Unglück

Das meiste Unglück in der Welt kommt daher, dass es Menschen gibt, die anderen ihr Glück aufzwingen wollen.

Hellmut Walters

Es ist ein Unglück, nie ein Unglück gehabt zu haben.

Karl Julius Weber

Unheil

Es gibt sehr wenig böse Menschen, und doch geschieht so viel Unheil in der Welt: Der größte Teil dieses Unheils kommt auf Rechnung der vielen, vielen guten Menschen, die nichts weiter als gute Menschen sind. *Johann Nepomuk Nestroy*

Universum

Es gibt eine Theorie, die besagt, wenn jemals irgendwer genau herausfindet, wozu das Universum da ist und warum es da ist, dann verschwindet es auf der Stelle und wird durch noch etwas Bizarreres und Unbegreiflicheres ersetzt. Es gibt eine andere Theorie, nach der das schon passiert ist.

Douglas Adams

Je begreiflicher das Universum wird, umso sinnloser erscheint es auch. *Steven Weinberg*

Unmögliches

Damit das Mögliche geschieht, muss das Unmögliche immer wieder versucht werden. *Hermann Hesse*

Unnötig

Das wäre doch nicht unnötig gewesen! *Volksspruch*

Unparteilichkeit

Alle Unparteilichkeit ist artifiziell. Der Mensch ist immer parteiisch und tut sehr recht daran. Selbst Unparteilichkeit ist parteiisch. Er war von der Partei der Unparteiischen.

Georg Christoph Lichtenberg

Unrecht

Durch die Gummiparagraphen kommt auch das Unrecht zu seinem Recht. *Werner Mitsch*

Unrichtig
»Unrichtig« ist unrichtig, es müsste »falsch« heißen.
Werner Mitsch

Unsinn
Eine Welt ohne Unsinn wäre Unsinn. *Karl Valentin*

Unsterblichkeit
Es gibt Millionen von Menschen, die sich nach der Unsterblichkeit sehnen, aber nicht wissen, was sie an einem verregneten Sonntagnachmittag anfangen sollen.
Maurice Chevalier

Solange er lebt, wird er unsterblich sein. *Heinrich Heine*

Die Unsterblichkeit ist das Einzige, was keinen Aufschub verträgt. *Karl Kraus*

Die erste Vorbedingung für die Unsterblichkeit ist das Sterben. *Stanisław Jerzy Lec*

Was nützt Unsterblichkeit, die man nicht zu Lebzeiten genießen kann. *Alfred Mohler*

Der Tod ist der Preis der Unsterblichkeit. *Zarko Petan*

Unterhaltung
Zur Unterhaltung einer Party trägt niemand so viel bei wie diejenigen, die gar nicht da sind. *Audrey Hepburn*

Untertreibung
Er untertreibt dermaßen, dass es fast schon übertrieben ist.
Alfred Mohler

Unverbindlichkeit

Was die Menschen heute miteinander verbindet: die Unverbindlichkeit. *Gerhard Uhlenbruck*

Unverlässlichkeit

Ein unverlässlicher Mensch! Er lügt so, dass nicht einmal das Gegenteil wahr ist. *Franz Molnár*

Unwesentlich

»Sie haben einen Adlerblick für das Unwesentliche.« *Fritz Kortner*

Unwissenheit

Unser Unwissen erobert immer weitere Welten. *Stanisław Jerzy Lec*

Das einzige Mittel, den Irrtum zu vermeiden, ist die Unwissenheit. *Jean-Jacques Rousseau*

Ureltern

Frage: Warum haben Adam und Eva auf den meisten Gemälden einen Bauchnabel? *Unbekannt*

Urlaub

Deutschland ist ein Land, in dem man einen Abenteuerurlaub mit Gepäckversicherung buchen kann. *Johannes Gross*

Wer wirklich Entspannung sucht, sollte heutzutage nicht in Urlaub fahren. *Q.-S.*

Ursache

Wenn ein Arzt hinter dem Sarg seines Patienten geht, so folgt manchmal tatsächlich die Ursache der Wirkung. *Robert Koch*

Die gute alte Zeit war die Ursache der schlechten neuen.
Charles Tschopp

Urteilsvermögen

Gutes Urteilsvermögen ist gewöhnlich das Ergebnis von Erfahrung, und Erfahrung ist meist das Ergebnis von schlechtem Urteilsvermögen. *Robert Lowell*

Utopien

Fortschritt ist die Verwirklichung von Utopien.
Gottfried Benn

Man muss an Utopien glauben, um sie verwirklichen zu können. *Jean-Jacques Servan-Schreiber*

V

Väter und Söhne

Es kostete den Vater ein Vermögen, aus seinem Sohn einen Tunichtgut zu machen. *Alfred Mohler*

Vaterland

Ich liebe mein Vaterland zu sehr, um Nationalist zu sein.
Albert Camus

Vegetarier

Auch einem Vegetarier kann alles wurst sein. *Unbekannt*

Verächter

Wer sich selbst verachtet, achtet sich doch immer noch dabei als Verächter. *Friedrich Nietzsche*

Verallgemeinerungen

Alle Verallgemeinerungen sind gefährlich, sogar diese.
Alexandre Dumas d. Ä.

Verbeugungen

Am steifsten geht es dort zu, wo die meisten und tiefsten Verbeugungen gemacht werden. *Q.-S.*

Verbot

Den Reiz des Verbotenen kann man nur auskosten, wenn man es sofort tut - morgen ist es vielleicht schon erlaubt.
Jean Genet

Auch wenn man Verbote verbietet - Verbot bleibt Verbot.
Oliver Hassencamp

Es ist verboten, zu verbieten.
Parole der Studentenbewegung in den 60er Jahren

Verdienen

Wir wollen zwar viel verdienen, aber nicht die hohen Preise zahlen, die dadurch zustande kommen, dass andere auch viel verdienen wollen. *Manfred Rommel*

Verdienste

Verdienste sind Leistungen, an denen man nichts verdient.
Gerhard Uhlenbruck

Verein

Man muss spätestens aus einem Verein austreten, wenn man Vorsitzender wird. *Ernst Jünger*

Ich kann es nicht akzeptieren, Mitglied eines Clubs zu werden, der mich als Mitglied akzeptiert. *Groucho Marx*

Vergänglichkeit

Auch der Gedanke, dass alles vergeht, ist vergänglich.

Friedrich Georg Jünger

Das Übel Vergänglichkeit garantiert die Vergänglichkeit der Übel und ist eben dadurch erst recht das Gute.

Odo Marquard

Vergangenheit

The past is never past. It's not even past. *William Faulkner*

Was die Vergangenheit betrifft, bin ich Optimist.

Zarko Petan

Vorwärts in die Vergangenheit. *Sponti-Spruch*

Vergessen

Altersweisheit ist oft nur ein gutes Gedächtnis; aber das ist nicht wenig, denn die meisten alten Leute haben mehr vergessen, als sie gewusst haben. *Erwin Chargaff*

Dr. Watson: »Now having understood the item, I will do my best to forget it.« *Arthur Conan Doyle*

Jemanden vergessen wollen, heißt an ihn denken.

Jean de La Bruyère

Was ich inzwischen alles vergessen habe, übertrifft bei weitem mein Vorstellungsvermögen. *Szene-Spruch*

Vergeudung

Die größte Vergeudung unseres Lebens besteht in der Liebe, die nicht erwidert wird. *Elsa Brändström*

Vergnügen

Ein Vergnügen erwarten, ist auch ein Vergnügen.
Gotthold Ephraim Lessing

Manches Vergnügen besteht darin, dass man mit Vergnügen darauf verzichtet. *Peter Rosegger*

Verhältnisse

»Ich komme aus einfachen Verhältnissen.« Das ist nicht wahr, es war bloß kein Geld im Haus; aber die Verhältnisse waren sehr kompliziert. *Johannes Gross*

Eine Hand wäscht die andere: So sorgt man für saubere Verhältnisse. *Gerhard Uhlenbruck*

Verleumdung

– Lügen über einen anderen verbreiten oder die Wahrheit über einen anderen verbreiten. *Ambrose Gwinnett Bierce*

Verlust

Denn uns besitzt, was wir verloren wähnen.
Clemens Brentano

Vermögen

Dieselben Gaben, die den Menschen befähigen, ein Vermögen zu erwerben, verhindern ihn, es zu genießen.
Antoine de Rivarol

Vernunft

Vernunft annehmen kann niemand, der nicht schon welche hat. *Marie von Ebner-Eschenbach*

Wer sich immer nur von der Vernunft leiten lässt, ist unvernünftig. *Alfred Mohler*

Fast nie kommt der Mensch aus Vernunft zur Vernunft.
Charles de Montesquieu

Der letzte Schritt der Vernunft ist, anzuerkennen, dass unendlich viel über sie hinausgeht. *Blaise Pascal*

Verrückt

Der Patient eines Psychiaters, als er die Rechnung erhielt: »Ich muss wirklich verrückt gewesen sein.« *Unbekannt*

Verschenken

Es bleibt einem im Leben nur das, was man verschenkt hat.
Robert Stolz

Versicherungsfälle

Ihre Versicherung ist schuld; denn wenn ich nicht versichert gewesen wäre, wäre ich gar nicht Auto gefahren.
Ein Versicherungskunde

Verstand

Derselbe scharfe Verstand, der es uns ermöglicht, etwas Gutes zu schreiben, lässt uns auch fürchten, er könnte nicht gut genug sein, dass es verdient, gelesen zu werden.
Jean de La Bruyère

Wer über gewisse Dinge den Verstand nicht verliert, der hat keinen. *Gotthold Ephraim Lessing*

Jeder klagt, es gäbe zu wenig Verstand auf der Welt, und jeder glaubt, er selbst hätte genug davon.
nach La Rochefoucauld

Es klingt mir paradox: Wer fühlt, dass ihm Verstand fehlt, hat ihn. *Michel de Montaigne*

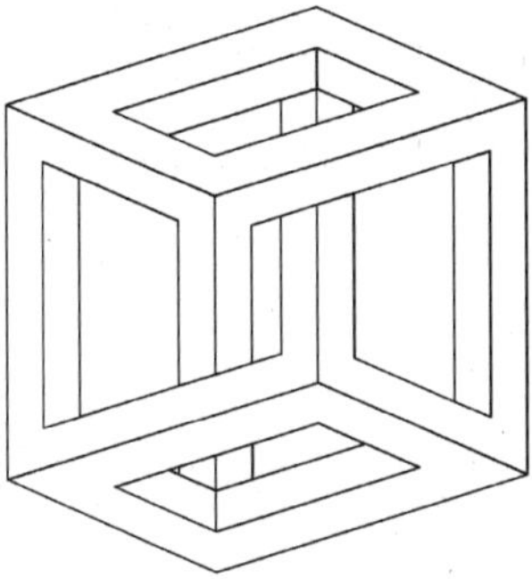

Je weniger Verstand einer hat, desto weniger bemerkt er den Mangel. *Sprichwort*

Wer sich auf seinen Verstand etwas einbildet, hat zu wenig davon. *Q.-S.*

Verstehen

Die verstehen sehr wenig, die nur das verstehen, was sich erklären lässt. *Marie von Ebner-Eschenbach*

Ich verstehe nicht, was Verstehen ist. *Manfred Eigen*

»Verstehen Sie mich bitte nicht falsch«, sagt man begütigend, sobald man merkt, dass der andere richtig zu verstehen begonnen hat. *Johannes Gross*

Gewisse Dinge verstehe ich nicht mehr, sobald ich sie begriffen habe. *Karl Heinrich Waggerl*

Verstummen

Manchmal muss man verstummen, um gehört zu werden.

Stanisław Jerzy Lec

Versuchung

Ich kann allem widerstehen, außer der Versuchung.

Oscar Wilde

Vervielfältigung

Vervielfältigung ist insofern ein Fortschritt, als sie die Verbreitung des Einfältigen ermöglicht. *Karl Kraus*

Verwechslung

Keiner ist davor sicher, sich mit dem zu verwechseln, für den er sich hält. *Karlheinz Deschner*

Verzeihung

Gute Menschen verzeihen viel, schlechte alles.

Hellmut Walters

Verzweiflung

Verzweifle nicht, nicht einmal darüber, dass du nicht verzweifelst. *Franz Kafka*

Man muss verzweifelt sein, um nicht zu verzweifeln.

Sören Kierkegaard

Vollkommenheit

Das Streben nach Vollkommenheit macht manchen Menschen vollkommen unerträglich. *Pearl S. Buck*

Alles Vollkommene in seiner Art muss über seine Art hinausgehen. *Johann Wolfgang von Goethe*

Zur Vollkommenheit fehlte ihr nur ein Mangel. *Karl Kraus*

Voraussicht

Wenn man auf nichts mehr zählen kann, muss man mit allem rechnen. *Jules Renard*

Vorhersagen

Vorhersagen sind immer schwierig, insbesondere wenn sie die Zukunft betreffen. *Niels Bohr*

Ich mache niemals Vorhersagen und werde das auch niemals tun. *Motto*

Vormachen

Was manche Leute sich selbst vormachen, das macht ihnen so schnell keiner nach. *Gerhard Uhlenbruck*

Vorsicht

Die Fliege, die nicht geklappt sein will, setzt sich am sichersten auf die Klappe selbst. *Georg Christoph Lichtenberg*

Vorsicht und Misstrauen sind gute Dinge, nur sind auch ihnen gegenüber Vorsicht und Misstrauen nötig.
Christian Morgenstern

Vorsicht ist die Mutter der Porzellankiste. Aber der Vater ist unbekannt. Also war die Mutter nicht vorsichtig.
Sponti-Spruch

Vorstellungsvermögen

Dein Vorstellungsvermögen, mein Lieber, ist mehr wert als du dir vorstellst. *Louis Aragon*

Vortrefflichkeit

Es gibt Menschen, die vor lauter Vortrefflichkeit unausstehlich sind. *George Bernard Shaw*

Vorurteile

Dass irgendein Mensch auf Erden ohne Vorurteil sein könnte, ist das größte Vorurteil. *August von Kotzebue*

Ich habe keine Vorurteile, ich kann keinen leiden. *Slogan*

W

Wächter

Wer wird die Wächter bewachen? *Juvenal*

Wahl

Manchmal ist es eine gute Wahl, nichts zu wählen.
Michel de Montaigne

Wahnsinn

Vom hellsten Wahnsinn umnachtet. *Elazar Benyoetz*

Wahrhaftigkeit

Wahrhaftigkeit ist die größte List.
Georg Christoph Lichtenberg

Wahrheit

Das Gegenteil einer korrekten Aussage ist eine falsche Aussage. Das Gegenteil einer tiefen Wahrheit kann sehr wohl ebenfalls eine tiefe Wahrheit sein. *Niels Bohr*

Wenn eine Wahrheit zu schwach ist, sich zu verteidigen, muss sie zum Angriff übergehen. *Bertolt Brecht*

Es gibt keine ergiebigere Quelle für den Irrtum als das Streben nach absoluter Wahrheit. *Samuel Butler*

Wahrheit lässt sich nicht zeigen, nur erfinden. *Max Frisch*

Die beste und sicherste Tarnung ist immer noch die blanke Wahrheit. Die glaubt niemand! *Max Frisch*

Bei einem Argwöhnischen muss man eine Wahrheit so klug, mit so viel Vorsicht und Feinheit vortragen, als wäre es eine Lüge. *Jean Paul*

Wo die Wahrheit bekämpft werden muss, hat sie schon gewonnen. *Carl Gustav Jochmann*

Mit der Wahrheit kann man allenfalls etwas leger umgehen – lügen muss man ganz genau. *Hans Kasper*

Die wahren Wahrheiten sind die, welche man erfinden kann. *Karl Kraus*

Wider besseres Wissen die Wahrheit zu sagen, sollte für ehrlos gelten. *Karl Kraus*

Eine Notlüge ist immer verzeihlich. Wer aber ohne Zwang die Wahrheit sagt, verdient keine Nachsicht. *Karl Kraus*

Ich sage doch wenigstens eine Wahrheit, indem ich sage, dass ich lüge. *Lukian*

Wer die Wahrheit sucht, muss sich die meiste Zeit mit Lügen beschäftigen. *Zarko Petan*

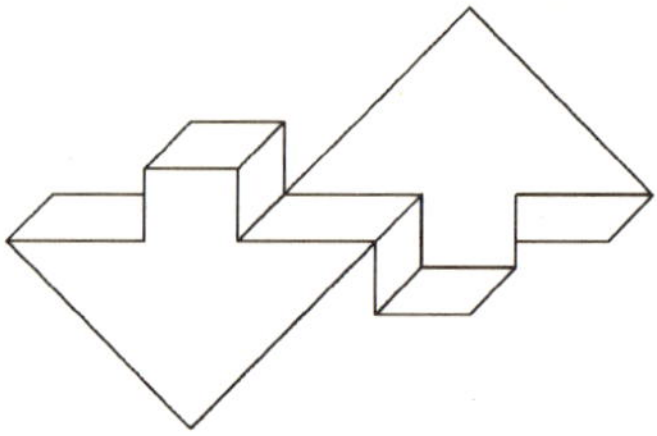

Nur die Irrtümer verleihen der Wahrheit ihren Wert.
Jules Renard

Ich lüge mir Wahrheiten zusammen. *Herbert Rosendorfer*

Die Wahrheit ist, dass es keine Wahrheit gibt. *Isaac B. Singer*

Wer eine Wahrheit verbergen will, braucht sie nur offen auszusprechen - sie wird einem ja doch nicht geglaubt.
Charles de Talleyrand

Die Wahrheit ist unser kostbarster Besitz - lasst uns sparsam damit umgehen. *Mark Twain*

Unter allen denkbaren Irrtümern ist immer die Wahrheit am leichtesten zu widerlegen. *Karl Heinrich Waggerl*

Nichts ist ohne sein Gegenteil wahr. *Martin Walser*

Wenn man die Wahrheit sagt, kann man sicher sein, früher oder später ertappt zu werden. *Oscar Wilde*

Die Wahrheit ist wichtiger als die Fakten. *Frank Lloyd Wright*

Lenins Spruch »Die Wahrheit ist immer konkret« galt nur theoretisch. *Unbekannt*

Ein anständiger Mensch schließt die Augen vor der nackten Wahrheit. *Q.-S.*

Wahrscheinlichkeit

Zur Wahrscheinlichkeit gehört auch, dass das Unwahrscheinliche eintritt. *Aristoteles*

Alles, was lediglich wahrscheinlich ist, ist wahrscheinlich falsch. *René Descartes*

Wahrscheinlichkeitsrechnung

Die Aussagen der Wahrscheinlichkeitsrechnung sind zwar immer richtig, treffen aber nur zufällig zu. *Q.-S.*

Wald

Sie machten den Wald für die Touristen zugänglich, indem sie ihn abholzten. *Wolfgang Eschker*

Wechsel

Der Wechsel allein ist das Beständige.
Arthur Schopenhauer

Weg

Wer den kürzesten Weg hat, kommt immer als Letzter.
Lebensweisheit

Wegwerfen

Wirf alles weg!
Wirf auch das Wegwerfen weg! *Zen-Spruch*

Weich bekommen

Wenn man den anderen nicht weich bekommt, dann wird man hart gegen ihn. *Gerhard Uhlenbruck*

Weinen

Im Weinen liegt eine gewisse Wonne. *Ovid*

Weisheit

Die schönste Weisheit ist: nicht gar zu weise sein.
Angelus Silesius

Unsere Weisheit kommt aus unseren Erfahrungen. Und unsere Erfahrungen kommen aus unseren Dummheiten.
Sacha Guitry

Unter Weisen sind die Intelligenten die Dummen.
Werner Mitsch

Ein Mensch bleibt weise, solange er die Weisheit sucht; sobald er sie gefunden zu haben wähnt, wird er ein Narr.
aus dem Talmud

Welt

Das ewig Unbegreifliche an der Welt ist ihre Begreiflichkeit.
Albert Einstein

Wer an der Heillosigkeit dieser Welt nicht leidet, ist nicht zu retten. *Wolfgang Eschker*

Die Welt ist Gottes Sündenfall. *Christian Friedrich Hebbel*

Auf der Welt ist alles natürlich, ausgenommen die Welt selber. *Jean Paul*

Das Beste, was diese Welt bietet, ist die Sehnsucht nach einer anderen. *Martin Kessel*

Wer aus allem das Beste macht, ruiniert die Welt. *Michael Rumpf*

Auf dem Markt der Welt kann jeder billig kaufen, der sich mit dem Unbezahlbaren begnügt. *Karl Heinrich Waggerl*

Die Welt wird nie gut, aber sie könnte besser werden. *Carl Zuckmayer*

Weltanschauung

Weltanschauung ist nicht selten Mangel an Anschauung. *Ludwig Marcuse*

Wenig

Weniger ist mehr. *Motto des Architekten Ludwig Mies van der Rohe*

Wenig aber gut. Und wenn gut, dann reichlich. *Slogan*

Werbung

Wenn man sich Werbung leisten kann, braucht man keine mehr. *Norman R. Augustine*

Vielfach ist die Werbung keine Werbung für die Werbung. *Rupert Schützbach*

Werte

Wertfrei ist nicht einmal das Wertlose. *Elazar Benyoetz*

In der Geschichte haben sich die »ewigen Werte« am stärksten gewandelt. *Q.-S.*

Wesentlich
Erst die Dinge werden wesentlich, die einander vollkommen ausschließen. *Hans Arndt*

Wetter
Gespräche über das Wetter sind wohl töricht, aber dass man über das Wetter spricht, ist weise. *Max Rychner*

Wichtigkeit
Jetzt erst weiß ist, was im Leben wichtig ist: Wichtig ist, dass man weiß, dass nichts wichtig ist. *Roman Polanski*

Wichtigtuer
Wichtigtuer sind Leute, die nie etwas Wichtiges tun.
Unbekannt

Widersinn
Widersinnigkeiten sind nützlich, um die Aufmerksamkeit für Ideen anzuziehen. *Mandell Creighton*

Widerspruch
Nur in den Widersprüchen liegt Hoffnung. *Bertolt Brecht*

Verlass ist letzten Endes nur auf den Widerspruch.
Oliver Hassencamp

Die Welt in ihrer Tiefe verstehen heißt, den Widerspruch verstehen. *Friedrich Nietzsche*

Wille
Wir müssen an den freien Willen glauben. Wir haben keine Wahl. *Isaac Bashevis Singer*

Willensfreiheit

Unsere Willensfreiheit ist ein Zwang, weil wir wollen müssen, was wir tun. *Michel de Montaigne*

Wirklichkeit

Nichts ist so unglaubwürdig wie die Wirklichkeit.
Fjodor M. Dostojewski

In Wirklichkeit sieht alles anders aus, als es wirklich ist.
Stanisław Jerzy Lec

Wirkung

Durchschlagende Wirkungslosigkeit. *Max Frisch*

Wissen

Man weiß nicht, was genug ist, bevor man weiß, was mehr als genug ist. *William Blake*

Strebe nicht, alles zu wissen, damit du nicht in allem unwissend wirst. *Demokrit*

Der Wissende weiß, dass er glauben muss.
Friedrich Dürrenmatt

Genug weiß niemand, zu viel so mancher.
Marie von Ebner-Eschenbach

Man muss schon etwas wissen, um verbergen zu können, dass man nichts weiß. *Marie von Ebner-Eschenbach*

Nur wer wenig von etwas weiß, glaubt es zu kennen.
Max Jacob Friedländer

Mit dem Wissen wächst der Zweifel.
Johann Wolfgang von Goethe

Aus dem, was jemand weiß, kann man nicht auf das schließen, was er nicht weiß. *Jean Paul*

Einzugestehen, dass man nichts weiß, ist Wissen. *Konfuzius*

Wer weiß, dass er nichts weiß, ist der Fortgeschrittenste. *Lao-Tse*

Ich weiß nicht einmal, dass ich nichts weiß. *Metrodoros von Chios*

Seit sie alles von ihm weiß, will sie nichts mehr von ihm wissen. *Werner Mitsch*

Je mehr die Menschheit weiß, desto weniger weiß sie weiter. *Michael Rumpf*

Ich weiß, dass ich nichts weiß. *Sokrates*

Ob man will oder nicht, man muss sagen, die größte Weisheit ist das Wissen darum, dass es sie nicht gibt. *Leo N. Tolstoi*

Auch wenn du nicht weißt, was du tust, tue es auf deine Weise. *Sponti-Spruch*

Woher soll ich wissen, was ich denke, bevor ich gehört habe, was ich sage. *Sponti-Spruch*

Wissen ist immer lückenhaft, nur Unkenntnis kann vollkommen sein. *Unbekannt*

Wissenschaft

Bei einer wissenschaftlichen Diskussion hat der Unterlegene größeren Gewinn, sofern er etwas hinzulernt. *Epikur*

Die Wissenschaft ist die Ortsbeschreibung der Unwissenheit. *Oliver Wendell Holmes*

Wissenschaft fängt eigentlich erst da an, interessant zu werden, wo sie aufhört. *Justus von Liebig*

Das Paradoxon der Wissenschaft:
Je besser die Details verstanden werden, desto klarer lassen sich die großen Zusammenhänge erkennen. *Q.-S.*

Wissenschaftler

Als Wissenschaftler ist man sicher, dass man nie sicher sein kann. *Gerhard Uhlenbruck*

Wohlstand

Wohlstand ist die Summe des Überflüssigen, ohne das man nicht mehr auskommen kann. *Gustav Knuth*

Wohlstand: Mangel an Mangel. *Rupert Schützbach*

Wohltat

Man vergisst nie eine versäumte Wohltat. *Carmen Sylva*

Wollen

Mögen hätte ich schon wollen, aber dürfen hab ich mich nicht getraut. *Karl Valentin*

Wort halten

Er sagte, er könne nicht Wort halten. Er hat Wort gehalten. *Werner Mitsch*

Wunder

Das Wunder ist nicht ein Widerspruch zu den Naturgesetzen, sondern ein Widerspruch zu dem, was wir von diesen Gesetzen wissen. *Augustinus*

Wer nicht an Wunder glaubt, ist kein Realist. *Niels Bohr*

Wundern

Manchmal wundere ich mich, dass ich mich nicht mehr wundere. *Oliver Hassencamp*

Wunsch/Wünsche

Wenn einem Menschen die Hälfte seiner Wünsche in Erfüllung ginge, hätte er zweimal so viel Sorgen. *Benjamin Franklin*

Wunschlos glücklich. Mit der Hoffnung am Ende? *Werner Mitsch*

Zu den herben Enttäuschungen des Lebens zählen oft die erfüllten Wünsche. *Mutter Teresa*

Mein einziger Wunsch ist meiner Wünsche Ruh. *Friedrich Rückert*

Auf dieser Welt gibt es nur zwei Tragödien: wenn Wünsche enttäuscht und wenn sie erfüllt werden. Das zweite ist viel schlimmer. *Oscar Wilde*

Die so genannten geheimen Wünsche sind gerade die, welche die meisten anderen Leute auch haben. Q.-S.

Zärtlichkeit

Zärtlichkeit ist der Gipfel der Leidenschaft. *Alfred Mohler*

Zahnarzt

Zahnarzt zum ängstlichen Patienten: »Jetzt beißen Sie die Zähne zusammen und machen den Mund auf.«

Zahnarzt-Spruch

Zank

Zank ist die intensivste Kommunikation zwischen Eheleuten.

Psychiater-Erkenntnis

Zeit

Zeit ist, was passiert, wenn nichts passiert.

Richard P. Feynman

Oft muss ich mir die Zeit nehmen, damit ich sie mir lassen kann. *Elmar Gruber*

Zeit haben nur diejenigen, die es zu nichts gebracht haben. Und damit haben sie es weiter gebracht als alle anderen.

Giovannino Guareschi

Zu allen Dingen lasse man sich Zeit, nur nicht zu den ewigen.

Karl Kraus

Hätte ich mehr Zeit gehabt, so hätte ich Ihnen einen kürzeren Brief geschrieben. *Gotthold Ephraim Lessing*

Die Leute, die niemals Zeit haben, tun am wenigsten.
Georg Christoph Lichtenberg

Die Zeit hat nie Zeit. *Zarko Petan*

Man verliert die meiste Zeit damit, dass man Zeit gewinnen will. *John Steinbeck*

Wenn man Zeit gewinnen will, sollte man keine verlieren.
Gerhard Uhlenbruck

Valentin: »Wie spät ist es?« - »Halb fünf.« - »Danke, das merke ich mir.« *Karl Valentin*

Den größten Teil meiner Zeit verbringe ich damit, sie zu verschwenden. *Steven Weinberg*

»Ist das Problem unserer Zeit mangelndes Wissen oder fehlendes Interesse?« - »Weiß ich nicht. Es ist mir auch egal.«
Unbekannt

Zeitgeist

- sich mehr leisten als leisten. *Ron Kritzfeld*

Zeitlosigkeit

Gern verbrächten die Toten ihre Zeitlosigkeit damit, sich mit ihrer Unsterblichkeit zu trösten. *Manès Sperber*

Zelle

Die Zelle multipliziert sich durch Teilung. *Unbekannt*

Zensor

Ein Zensor ist ein Beamter, der Dinge empfiehlt, indem er sie verbietet. *Frank Wedekind*

Zerstreuung

Arbeit ist für die Mehrheit der Menschen die einzige Zerstreuung, die sie auf die Dauer vertragen können.

Dennis Gabor

Ziel

Wenn du nicht weißt, wohin du gehen willst, wird dich jeder Schritt dort hinbringen. *Lewis Carroll*

Ein erreichtes Ziel ist kein Ziel. *Hermann Hesse*

Jeder Schritt führt näher zum Ziel. Dies gilt auch für Rückschritte. *Ernst Jünger*

Rette das Ziel, triff daneben. *Stanisław Jerzy Lec*

Wer fertig ist, wünscht anzufangen. *Richard von Schaukal*

Zimmer

Hotelgast an der Bar: »Bitte setzen Sie das Zimmer auf meine Getränkerechnung.« *Unbekannt*

Zivilisation

Zivilisation ist die unablässige Vermehrung unnötiger Notwendigkeiten. *Mark Twain*

Zögern

Auch zum Zögern muss man sich entschließen.

Stanisław Jerzy Lec

Zögere nicht – warte ab! *Sponti-Spruch*

Zufall

Je planmäßiger die Menschen vorgehen, desto wirksamer trifft sie der Zufall. *Friedrich Dürrenmatt*

Zuhören

Überhören: Die hohe Kunst des Zuhörens. *Ron Kritzfeld*

Der beste Gesprächspartner ist manchmal ein geduldiger Zuhörer. *Volksweisheit*

Zukunft

Man hat so lange das Schlimmste noch vor sich, bis man darüber lachen kann. *Samuel Beckett*

Am liebsten erinnere ich mich an die Zukunft. *Salvador Dalí*

Das Schlimmste an der Gegenwart ist die Zukunft.
Gustave Flaubert

Weil sich die vorgesehene Zukunft nicht ereignen wird, stellt man sich die Zukunft eben ohne diese vorgesehene Zukunft vor. *Viviane Forrester*

Es geht auf keinen Fall so weiter, wenn es so weitergeht.
Erich Kästner

Die Zukunft gehört der Jugend – sobald diese alt ist.
Stanisław Jerzy Lec

Gar nicht dran denken; die Zukunft ist eine undankbare Person, die grad nur die quält, die sich recht sorgsam um sie bekümmern. *Johann Nepomuk Nestroy*

Die Zukunft is a nimmer dös, was sie amoi war.
Karl Valentin

Hoffentlich wird es zukünftig nicht so schlimm, wie es heute schon ist. *Karl Valentin*

Nach mir gibt's keine Zukunft für mich. *Unbekannt*

Zum Besten halten

Im Deutschen kann man jemandem übel wollen, indem man ihn zum Besten hält. *Johannes Gross*

Zusammenleben

Nichts entfernt zwei innerlich wenig verwandte Menschen mehr voneinander als das Zusammenleben.
Marie von Ebner-Eschenbach

Zuverlässigkeit

Zuverlässigkeit kann auch darin bestehen, dass jemand regelmäßig versagt. *Amintore Fanfani*

Zuvorkommenheit

Seine Zuvorkommenheit besteht darin, anderen zuvorzukommen. *Szene-Spruch*

Zwang

Er hasste nichts so sehr wie den Zwang der freien Wahl.
Werner Mitsch

Zweckloses

Sinn hat nur das Zwecklose. *Elazar Benyoetz*

Zweifel

Der Zweifel sichert dem Glauben seine Glaubhaftigkeit.
Elazar Benyoetz

Die wahren Zweifel des Forschers beginnen manchmal erst mit der Gewissheit. *Niels Bohr*

Die Wissenschaft glaubt an den Zweifel. *Unbekannt*

Zwerg

Mache dich nicht so wichtig - es gibt größere Zwerge als du einer bist. *John Knittel*

Zwillinge

Die Zwillinge Peter und Paul sind sich sehr ähnlich, vor allem Paul. *Volksmund*

Zyniker

Ein Zyniker ist ein Mensch, der auf die, die über ihm stehen, verächtlich herabblickt. *Büro-Weisheit*

Nachsatz

Wer kennt sie nicht, die Geschichte vom kretischen Dichter Epimenides, der nach Athen reiste. Dort angekommen, fragten ihn die Menschen nach den Kretern aus. Seine lapidare Antwort lautete: »Alle Kreter lügen«. Das hörten die stolzen Athener gern. Doch halt! Der Bursche kam doch selbst aus Kreta. Also was stimmte nun? Sie suchten nach einer erklärenden Lösung. Das ist aber gerade das Fatale, dass sich ein Paradoxon nicht erklären lässt. Es entzieht sich der Logik, die wir so gerne für die Wahrheitssuche einsetzen.
Die antiken Griechen hatten ein Wort, das so etwas wie »Ansicht« oder »Meinung« bedeutete und wohl dem entsprach, was wir heute als »gesunden Menschenverstand« bezeichnen. Dieser hieß bei ihnen »dóxa«. Phänomene und Denkfiguren, die ihm widersprachen, bezeichneten sie als »gegen die Doxa« gerichtet, auf Griechisch: »pará dóxan«. Dieser Begriff ist, wie vieles aus dieser ersten Blütezeit abendländischer Kultur, bis heute lebendig geblieben.
Ein Zentrum der frühen griechischen Philosophie war die Siedlung Elea, nicht weit vom heutigen Neapel gelegen. Dort lebte und lehrte Parmenides. Ihm verdanken wir die intellektuelle Aufmerksamkeit für das Phänomen des Paradoxons. Parmenides war eigentlich an der Frage interessiert: Warum ist etwas und wie können wir sicher wissen, dass etwas ist? Daraus hat sich später ein blühender Zweig der Philosophie entwickelt, die so genannte Ontologie (die Lehre vom Sein).
Bei seinen tiefgründigen Überlegungen, von denen uns nur wenige Bruchstücke überliefert sind, stieß Parmenides auf Probleme, die dem widersprechen, was wir heute als gesunden Menschenverstand bezeichnen. Er und seine Schüler, die nach ihrer Wohn- und Wirkungsstätte »Eleaten« genannt wurden, beschäftigten sich intensiv mit diesem

Phänomen. Dabei tat sich besonders Zenon hervor, dem wir eine ganze Reihe solcher unauflösbaren Widersprüche verdanken, für deren Überlieferung Aristoteles gesorgt hat. Dieser selbst kam schließlich zu der Einsicht: Denken und Sein werden vom Widerspruch bestimmt. Sprach's apodiktisch und entging so dem Erklärungsnotstand.

Aber schon Aristoteles erkannte, dass es sich hier nicht um logische Spielereien handelt, sondern um ernste, tiefgründige Probleme, denen unser Verstand eigentlich nicht gewachsen ist. Im Laufe der Zeit sind immer mehr solcher logischen Knoten hinzugekommen, für die es keine alexandrinischen Schwerter gibt. Denken wir nur an den Welle-Teilchen-Dualismus des Lichtes. Oder an das Phänomen, dass Materie und Energie »gequantelt«, also »körnig« sind. Raum und Zeit dagegen scheinen ein Kontinuum zu bilden. Das bekommt man logisch nicht unter einen Hut.

Wie geht man nun aber mit Paradoxien um? Im alten Griechenland lebte auf Kos der Philosoph Philetas. Er war über die Unlösbarkeit von Paradoxa so verzweifelt, dass er seinem Leben ein frühzeitiges Ende setzte. So ernst sollten die Probleme bitte nicht genommen werden; im Gegenteil: man mache sich ein stilles Vergnügen, die Allgegenwart des Paradoxons zu entdecken und mit heiterer Gelassenheit hinzunehmen. Zum intellektuellen Radikalismus neigende Biologen halten sogar das Leben selbst für ein Paradoxon: Alles wird geboren, um zu sterben. Wenn dem so ist, dann haben wir allen Grund, die Zeit dazwischen mit Freude und tiefen Gedanken zu nutzen, am besten beides.

Selbstverständlich lässt sich mit Paradoxien sachlich-nüchtern umgehen. So kann man sie z. B. in vier Gruppen einteilen, wie es Martin Gardner in seinem pfiffigen Buch *GOTCHA - Paradoxien für den Homo Ludens* tut (1):

- Eine Behauptung, die falsch scheint, tatsächlich aber wahr ist.

- Eine Behauptung, die wahr scheint, tatsächlich aber falsch ist.
- Eine scheinbar fehlerlose Kette von Schlussfolgerungen, die jedoch zu einem logischen Widerspruch führt. (Dieser Typ von Paradoxien wird gemeinhin eher als Trugschluss bezeichnet.)
- Eine Behauptung, bei der sich nicht entscheiden lässt, ob sie wahr oder falsch ist.

Auch eine wissenschaftliche Auseinandersetzung mit Paradoxien ist möglich, wie sie R. M. Sainsbury in seinem Buch *Paradoxien* glänzend gelungen ist (2). Darin findet sich eine sorgfältige Bibliografie zum Thema. Über das Phänomen des Zirkelschlusses, das der englische Mathematiker und Philosoph Bertrand Russell als so genannte »Selbstbezüglichkeit« in das System der Logik einordnete, gibt es ebenfalls eine umfängliche Literatur.

Das eigentliche Interessengebiet des Herausgebers ist die Aphoristik. Als Chemiker ist er gewohnt, selbst komplizierte Abläufe in knappen Formeln dennoch exakt darzustellen. Und genau das geschieht in Aphorismen mit den Gedanken. Ein Aphorismus ist gut, wenn mit einem Minimum an Worten ein Gedanke sprachlich erfasst wird. Diese Form literarischer Verdichtung eignet sich für Paradoxa besonders gut. So ist durch eine sorgfältige Auswahl nach den Kriterien der Originalität, des Humors und der Alltagsnützlichkeit - also nicht l'esprit pour l'esprit - dieses Buch entstanden.

Eine besondere Erwähnung verdienen die paradoxen Grafiken. Populär wurden sie durch die Bilder von M. C. Escher. Der englische Mathematiker R. Penrose und der schwedische Grafiker O. Reutersvärd haben sich um ihre Minimalisierung verdient gemacht (3). Einige Zeit lang erschien im Verlag des Instituts der Deutschen Wirtschaft (Köln) eine Sachbuchreihe, die neben ihrer satten gelben Farbe jeweils mit einer »unmöglichen« Grafik ins Auge fiel. Der Verlag hat den Ab-

druck dieser Grafiken gerne genehmigt, wofür ich mich sehr bedanke. Herr Ottmar Rössler hat die Grafiken freundlicherweise elektronisch bearbeitet.
Mein Dank gilt aber auch allen Autoren, die ich erreichen konnte und die mir bereitwillig die Abdruck-Genehmigung gaben. Wenn ich den einen oder anderen nicht auffinden konnte, bitte ich um Verständnis oder Nachricht. Frau Anneliese Heigl-Laubner danke ich für die umfangreiche Schreibarbeit und wertvolle Anregungen herzlich.

Literatur

(1) Gardner, Martin: GOTCHA – Paradoxien für den Homo Ludens. Hugendubel-Verlag, München, 1985
(2) Sainsbury, R. Mark: Paradoxien. Reclam-Verlag, Stuttgart, 1993
(3) Penrose, L. S. and R., British Journal of Experimental Psychology, vol. 49, 1956

Autorenregister

Abs, Hermann Josef, 1901–1994, dt. Bankier 13
Adams, Douglas, *1952, engl. Science-Fiction-Autor 131
Adenauer, Konrad, 1876–1967, dt. Politiker 23, 102
Adler, Alfred, 1870–1937, österr. Psychiater und Psychologe 43
Adorno, Theodor W., 1903–1969, dt. Philosoph 42, 71
Allais, Alphonse, 1855–1905, franz. Humorist 44
Allen, Woody, eigentl. Allen Stewart Konigsberg, *1935, amerik. Regisseur und Schauspieler 30, 44, 123
Altenberg, Peter, eigentl. Richard Engländer, 1859–1919, österr. Dichter 12, 90
Améry, Carl, eigentl. Christian Mayer, *1922, dt. Schriftsteller 82
Angelus Silesius, eigent. Joh. Scheffler, 1624–1677, schles. geistl. Dichter 146
Aragon, Louis, 1897–1982, franz. Schriftsteller und Politiker 141
Aristoteles, 384–322 v. Chr., griech. Philosoph 5, 79, 145
Arndt, Hans, *1911, dt. Schriftsteller 148
Auburtin, Victor, 1870–1928, dt. Schriftsteller 92
Augstein, Rudolf, 1923–2002, dt. Journalist und Herausgeber 96
Augustin, Michael, *1953, dt. Schriftsteller und Rundfunkredakteur 127
Augustine, Norman R., *1935, amerik. Manager 147
Augustinus, Aurelius, 354–450, Kirchenlehrer der frühchristlichen Zeit 152
Avila, Teresa von, eigentl. Teresa de Ahumada, 1515–1582, span. Mystikerin, Schriftstellerin und Ordensgründerin, Nationalheilige 63
Baader, Franz von, 1765–1841, kath. Theologe 73
Bachmann, Ingeborg, 1926–1973, österr. Dichterin 116
Bacon, Francis, Baron von Verulam, 1561–1626, engl. Staatsmann und Philosoph 87
Baldwin, Stanley, Earl Baldwin of Bewdley, 1867–1947, brit. Staatsmann 61
Balzac, Honoré de, 1799–1850, franz. Schriftsteller 26, 30
Bamm, Peter, eigentl. Curt Emmrich, 1897–1975, dt. Schriftsteller 91, 128
Barudio, Günter, *1942, dt. Schriftsteller 45

Baudelaire, Charles, 1821–1867, franz. Dichter 80
Beauvoir, Simone de, 1908–1986, franz. Philosophin und Schriftstellerin 77
Beck, Ulrich, *1944, dt. Soziologe 61
Beckett, Samuel, 1906–1989, ir.-franz. Schriftsteller 62, 69, 72, 156
Benn, Gottfried, 1886–1956, dt. Arzt, Lyriker und Essayist 70, 121, 134
Benyoetz, Elazar, *1937, isr. Aphoristiker 37–77, 104, 142, 147, 157 f.
Bierce, Ambrose Gwinnett, 1842–1914, amerik. Satiriker und Schriftsteller 43, 45, 137
Blake, William, 1757–1827, engl. Maler und Dichter 39, 149
Bloch, Arthur, amerik. Schriftsteller und Humorist 99
Bloch, Ernst, 1885–1977, dt. Philosoph 31, 77
Böhme, Rolf, *1934, Oberbürgermeister von Freiburg im Breisgau 16
Börne, Ludwig, eigentl. Löb Baruch, 1786–1837, dt. Schriftsteller und Kritiker 37, 72
Bohr, Niels, 1885–1962, dän. Physiker, Nobelpreis für Physik 1922 60, 75, 102, 141 f., 152, 158
Brändström, Elsa, 1888–1948, schwed. Philanthropin 136
Brahms, Johannes, 1833–1897, dt. Komponist 28
Braun, Wernher von, 1912–1977, dt.-amerik. Raketeningenieur 35
Brecht, Bertolt, 1898–1956, dt. Schriftsteller, Dramatiker, Regisseur, Lyriker 110, 142, 148
Brentano, Clemens, 1778–1842, dt. Dichter 77, 137
Briand, Aristide, 1862–1932, franz. Politiker 68
Brudziński, Wiesław, *1920, poln. Schriftsteller, Aphoristiker 111, 115, 122
Buck, Pearl S., 1892–1973, amerik. Schriftstellerin 140
Bunsen, Robert Wilhelm, 1811–1899, dt. Chemiker und Physiker 34
Buñuel, Luis, 1900–1983, span. Filmregisseur 11
Burke, Edmund, 1729–1797, engl. Philosoph und Staatsmann 71, 104
Busch, Wilhelm, 1832–1908, dt. Dichter, Maler und Zeichner 23, 27, 52, 88
Butler, Samuel, 1835–1902, engl. Philosoph und Essayist 21, 51, 60, 143
Camus, Albert, 1913–1960, franz. Erzähler und Dramatiker 8, 18, 38, 134
Canetti, Elias, 1905–1994, bulg.-deutschspr. Schriftsteller, Nobelpreis 1981 38, 42, 48, 76

Capote, Truman, 1924-1984, amerik. Schriftsteller 68
Carnegie, Dale, 1888-1955, amerik. Schriftsteller 41
Carroll, Lewis, eigentl. Charles Lutwidge Dodgson, 1832-1898, engl. Schriftsteller und Mathematiker 73, 155
Ceronetti, Guido, *1927, ital. Historiker, Essayist, Übersetzer 29
Chamfort, Nicolas, 1741-1794, franz. Schriftsteller 82
Chaplin, Sir Charles Spencer, 1889-1977, engl. Schauspieler und Regisseur 63
Chargaff, Erwin, 1905-2002, österr.-amerik. Biochemiker 136
Chesterton, Gilbert Keith, 1874-1936, engl. Schriftsteller 35, 61
Chevalier, Maurice, 1888-1972, franz. Sänger und Schauspieler 132
Christina von Schweden, 1626-1689, Königin, Aphoristikerin 104
Chruschtschow, Nikita Sergejewitsch, 1894-1971, sowjet. Politiker 97
Churchill, Sir Winston, 1874-1965, engl. Politiker und Staatsmann, Nobelpreis 1953 31, 68, 100
Cicero, Marcus Tullius, 106-43 v. Chr., röm. Staatsmann und Redner 104
Cioran, Emile Michael, 1911-1995, rumän.-franz. Essayist und Aphoristiker 18, 27, 66, 73, 103, 123
Claudius, Matthias, 1740-1815, dt. Dichter 38
Clemenceau, Georges, 1841-1929, franz. Politiker 40
Cocteau, Jean, 1889-1963, franz. Dramatiker, Filmautor und -regisseur, Kritiker 122
Conniff, Ray, 1916-2002, amerik. Arrangeur und Bandleader 29
Cousteau, Jacques-Yves, 1910-1997, franz. Meeresbiologe 117
Coward, Noel, 1899-1975, engl. Dramatiker 89
Coyne, George V., *1933, amerik. Astronom, Jesuit 54
Crowley, Aleister, 1875-1947, engl. Autor 24
Creighton, Mandell, 1843-1901, engl. Geistlicher 14, 92, 148
Cybinski, Nikolaus, *1936, dt. Germanist, Gymnasiallehrer 32, 38, 92
Dalí, Salvador, 1904-1989, span. Maler und Bildhauer 7, 156
Debon, Günther, *1915, dt. Sprachwissenschaftler und Aphoristiker 48, 75, 128
Demokrit, um 460- um 371 v. Chr., griech. Philosoph 149
Descartes, René (lat. Cartesius), 1596-1650, franz. Philosoph und Mathematiker 84, 145
Deschner, Karlheinz, *1924, dt. Schriftsteller, Essayist und Aphoristiker 6, 28, 42, 48, 59, 96, 105, 107, 140

Diogenes, 412-323 v. Chr., griech. Philosoph, Kyniker 79
Disraeli, Benjamin, 1804-1881, engl. Politiker und Schriftsteller 36
Doderer, Heimito von, 1896-1966, österr. Schriftsteller 112
Dostojewski, Fjodor Michailowitsch, 1821-1881, russ. Schriftsteller und Dichter 149
Doyle, Arthur Conan, 1859-1930, engl. Schriftsteller 136
Drucker, Peter F., *1909, österr.-amerik. Managementlehrer, -berater und Publizist 40
Dürrenmatt, Friedrich, 1921-1990, schweiz. Schriftsteller 5, 62, 149, 156
Dumas d. Ä., Alexandre, eigentl. Alexandre Davy de la Pailleterie, 1802-1870, franz. Schriftsteller 135
Dumas d. J., Alexandre, 1824-1895, franz. Schriftsteller 36
Ebner-Eschenbach, Marie, Freifrau von, 1830-1916, österr. Erzählerin, Autorin, Aphoristikerin 9, 14, 20, 33, 38, 40, 52, 73, 75, 78, 82, 86, 95, 107, 127f., 137, 139, 149, 157
Eckardt, Felix von, 1903-1979, dt. Diplomat und Publizist 115
Eco, Umberto, *1932, ital. Autor und Kunstphilosoph 54
Eden, Anthony, Earl of Avon, 1897-1977, brit. Staatsmann 116
Eigen, Manfred, *1927, dt. Physikochemiker, Nobelpreis 1967 139
Einstein, Albert, 1879-1955, dt. Physiker 44, 57, 98, 115, 146
Eisenreich, Herbert, 1925-1986, österr. Schriftsteller 88
Eliot, George, eigentl. Mary Ann Evans, 1819-1880, engl. Schriftstellerin 89
Enzensberger, Hans Magnus, *1929, dt. Schriftsteller 125
Epiktet, 50-138, griech. Philosoph 56
Epikur, 341-271 v. Chr., griech. Philosoph 123, 150
Epimenides, 6. Jahrhdt. v. Chr., kretischer Dichter 69
Erckenbrecht, Ulrich, *1947, dt. Aphoristiker 61
Erhardt, Heinz, 1909-1979, dt. Humorist 108
Eschker, Wolfgang, *1941, dt. Schriftsteller und Übersetzer 8, 25, 33, 36, 47, 49, 54, 65, 73, 87, 97, 100, 108, 111, 116, 145f.
Fabri, Albrecht, 1911-1998, dt. Essayist, Kritiker und Aphoristiker 43
Fanfani, Amintore, 1908-1999, ital. Politiker 157
Faulkner, William, 1897-1962, amerik. Erzähler 136
Feather, William, 1889-1969, amerik. Werbefachmann 9
Fechtner, Leopold, *1911, amerik. Autor 70
Fellini, Federico, 1920-1993, ital. Regisseur 33, 103

Fernandel, eigentl. Fernand-Joseph Désiré Constantin, 1903–1971, franz. Schauspieler 86, 121
Feuchtersleben, Ernst von, 1806–1849, österr. Arzt und Dichter 73
Feynman, Richard Phillips, 1918–1988, amerik. Physiker, Nobelpreis 1965 153
Finck, Werner, 1902–1978, dt. Kabarettist und Schriftsteller 72
Flaubert, Gustave, 1821–1880, franz. Dichter 49, 156
Forrester, Viviane, *1927, franz. Sozialwissenschaftlerin 156
Foucault, Michel, 1926–1984, franz. Philosoph 21
France, Anatole, eigentl. Jacques Francois Anatole Thibault, 1844 bis 1924, franz. Dichter 77
Franklin, Benjamin, 1706–1790, amerik. Staatsmann, Philosoph, Schriftsteller 21, 152
Fried, Erich, 1921–1988, österr. Lyriker und Übersetzer 38
Friedell, Egon, 1878–1938, österr. Schriftsteller 110
Friedländer, Max Jacob, 1867–1958, dt. Kunsthistoriker 149
Friedrich der Große, 1742–1786, preuß. König 44
Frings, Joseph, 1887–1978, Kardinal, Erzbischof von Köln 59
Frisch, Max, 1911–1991, schweiz. Schriftsteller 98, 143, 149
Fry, Christopher, *1907, engl. Dramatiker 24
Fuller, Thomas, 1608–1661, engl. Theologe, Philosoph, Historiker 33
Gabor, Dennis, 1900–1976, brit.-ungar. Physiker, Nobelpreis 1971 155
Galbraith, John Kenneth, *1908, amerik. Volkswirtschaftler 15, 90
Galletti, Johann Georg August, 1750–1828, dt. Historiker, Lehrer 5
Genet, Jean, 1910–1986, franz. Dramatiker 19, 135
Gerhardie, William, 1895–1977, engl. Schriftsteller 36
Getty, Jean Paul, 1892–1976, amerik. Industrieller 45
Gide, André, 1869–1951, franz. Schriftsteller 68
Goethe, Johann Wolfgang von, 1749–1832, dt. Dichter 5, 43, 63, 65, 101, 111, 140, 149
Gött, Emil, 1864–1908, dt. Schriftsteller 73, 87
Goetz, Curt, 1888–1960, dt. Schriftsteller und Schauspieler 44 f., 69, 77
Goldwyn, Samuel, 1882–1974, amerik. Filmproduzent 17, 30
Graff, Sigmund, 1898–1979, dt. Schriftsteller und Aphoristiker 20
Grillparzer, Franz, 1791–1872, österr. Dichter 38
Gross, Johannes, 1932–1999, dt. Journalist und Herausgeber 10 f., 27, 47, 51, 56, 63 f., 70, 74, 79, 100, 106, 112, 125, 133, 137, 139, 157

Gruber, Elmar, *1931, dt. Theologe 15, 38, 153
Guareschi, Giovannino, 1908-1968, ital. Schriftsteller 91, 153
Guiness, Sir Alec, 1914-2000, engl. Schauspieler 109
Guitry, Sacha, 1885-1957, franz. Schriftsteller, Schauspieler, Filmregisseur 25, 146
Habe, Hans, eigentl. Janos Bekessy, 1911-1977, ungar.-österr. Schriftsteller 91, 128
Haken, Hermann, *1927, dt. Physiker 44
Hassencamp, Oliver, 1921-1988, dt. Schriftsteller 32, 35, 51, 88, 101, 110, 135, 148, 152
Hauptmann, Gerhart, 1862-1946, dt. Dichter 90
Hauschka, Ernst R., *1926, dt. Schriftsteller, Bibliothekar und Aphoristiker 9, 82
Hebbel, Christian Friedrich, 1813-1863, dt. Dichter 23, 66, 97, 106, 110, 146
Hegel, Georg Wilhelm Friedrich, 1770-1831, dt. Philosoph 48, 92
Heidegger, Martin, 1889-1976, dt. Philosoph 115
Heine, Heinrich, 1797-1856, dt. Dichter und Publizist 132
Hepburn, Audrey, eigentl. Edda Kathleen van Heemstrat Hepburn-Ruston, 1929-1993, amerik. Schauspielerin 132
Heraklit, um 500 v. Chr., griech. Philosoph 58, 130
Herbst, Wolfgang, *1925, dt. Schriftsteller 9
Hesse, Hermann, 1877-1962, dt. Dichter 131, 155
Hilbert, David, 1862-1943, dt. Mathematiker 97
Hildebrandt, Dieter, *1927, dt. Schauspieler und Kabarettist 52
Hille, Peter, 1854-1904, dt. Lyriker, Erzähler, Dramatiker, Aphoristiker 38, 64
Hitchcock, Alfred, 1899-1980, engl. Regisseur 25, 85
Höcherl, Hermann, 1912-1989, dt. Jurist und Politiker 56
Hörbiger, Attila, 1896-1987, österr. Schauspieler 52
Hofmannsthal, Hugo von, 1874-1929, österr. Dichter 23, 123
Holmes, Oliver Wendell, 1809-1894, amerik. Dichter und Schriftsteller 151
Horváth, Ödön von, 1901-1938, österr. Schriftsteller 112
Hubbard, Kin, eigentl. Frank McKinney, 1868-1930, amerik. Humorist 67
Huch, Ricarda, 1864-1947, dt. Dichterin 53
Hugo, Victor, 1802-1885, franz. Dichter 82

Humboldt, Wilhelm von, 1767–1835, dt. Sprachforscher, Politiker und Philosoph 105, 118
Huxley, Aldous Leonard, 1894–1963, engl. Essayist, Dichter, Philosoph, Kulturkritiker 45, 69, 81
Ibsen, Henrik, 1828–1906, norweg. Dichter 22
Ionesco, Eugène, 1909–1994, franz. Dramatiker rumän. Herkunft 6
James, William, 1842–1910, amerik. Philosoph und Psychologe 27
Jaspers, Karl, 1883–1969, dt. Philosoph 21
Jean Paul, eigentl. Johann Paul Friedrich Richter, 1763–1825, dt. Dichter 22, 27, 33 f., 38, 43, 53, 56, 58 f., 71, 73, 80, 102, 108, 119, 143, 146, 150
Jefferson, Thomas, 1773–1826, 3. Präsident der USA 53, 98
Jerome, Jerome Klapka, 1859–1927, engl. Schriftsteller 49
Joachim-Daniel, Anita, 1902–1982, amerik. Schriftstellerin 53
Jochmann, Carl Gustav, 1789–1830, dt. Schriftsteller 143
Jünger, Ernst, 1895–1998, dt. Schriftsteller 135, 155
Jünger, Friedrich Georg, 1898–1977, dt. Schriftsteller 136
Jung, Carl Gustav, 1875–1961, schweiz. Psychologe und Psychiater 49
Juvenal, etwa 58–140, röm. Dichter 142
Kästner, Erich, 1899–1974, dt. Roman- und Drehbuchautor, Erzähler, Lyriker, Satiriker 82, 156
Kafka, Franz, 1883–1924, österr. Schriftsteller 89, 124, 140
Kant, Immanuel, 1724–1804, dt. Philosoph 67, 124
Karl V., 1500–1558, dt. Kaiser 41
Kasper, Hans, eigentl. Dietrich Huber, 1916–1990, dt. Lyriker, Satiriker, Schriftsteller 42, 57, 97, 143
Kaye, Danny, 1913–1987, amerik. Schauspieler 28
Kessel, Martin, 1901–1990, dt. Schriftsteller und Dichter 147
Kesten, Hermann, 1900–1996, dt. Schriftsteller 81
Kierkegaard, Sören Aabye, 1813–1855, dän. Theologe und Religionsphilosoph 47, 129, 140
Kishon, Ephraim, *1924, isr. Schriftsteller 21, 30, 36, 60
Kissinger, Henry, *1923, amerik. Wissenschaftler und Politiker, Nobelpreis 1973 67
Kleist, Heinrich von, 1777–1811, dt. Dichter 12
Knittel, John, 1891–1968, schweiz. Schriftsteller 158
Knuth, Gustav, 1901–1987, dt. Schauspieler 151
Koch, Robert, 1843–1910, dt. Bakteriologe 11, 133

Köhnlechner, Manfred, 1925-2002, dt. Heilpraktiker, Jurist und Unternehmer 81
Kokoschka, Oskar, 1886-1980, österr. Maler, Grafiker, Dichter 110
Konfuzius, eigentl. Kon-fu-tse, 551-ca. 479 v. Chr., chin. Philosoph 150
Kortner, Fritz, eigentl. Fritz Nathan Kuhn, 1892-1970, österr. Schauspieler und Regisseur 6, 133
Kostolany, André, 1908-1999, ungar.-amerik. Börsenspekulant und Publizist 17
Kotzebue, August von, 1761-1819, dt. Schriftsteller 16, 142
Kraus, Karl, 1874-1936, österr. Kritiker, Satiriker, Essayist, Dramatiker, Aphoristiker 9, 16, 22, 36, 42, 56, 68, 70, 72, 76, 86, 92, 98 f., 101, 105-108, 111, 115, 119, 122 f., 126, 129, 132, 141, 143, 153
Kritzfeld, Ron (Pseudonym), * 1921, dt. Chemiekaufmann, Aphoristiker 7, 11, 13, 28, 35, 40, 45, 49, 53, 56 f., 119, 154, 156
Kudszus, Hans, 1901-1977, dt. Schriftsteller und Aphoristiker 6, 72, 93, 104
La Bruyère, Jean de, 1645-1696, franz. Moralphilosoph, Psychologe, Schriftsteller 136, 138
La Rochefoucauld, Francois VI. Duc de, 1613-1680, franz. Schriftsteller, Moralist, Aphoristiker 25, 50 f., 72, 120, 138
Lao-Tse, um 480-390 v. Chr., chines. Philosoph 121, 150
Laub, Gabriel, * 1928-1998, tschech.-dt. Schriftsteller und Publizist 18, 37, 52, 72, 95 f., 98
Lec, Stanisław Jerzy, eigentl. Stanisław Jerzy de Tusch-Letz, 1909-1966, poln. Schriftsteller, Satiriker, Epigrammatiker, Aphoristiker 5, 14 f., 22 f., 26 f., 29, 33, 41 f., 51, 59, 64, 71, 73, 81, 90 f., 119 f., 123, 132 f., 140, 149, 155 f.
Lembke, Robert, 1913-1989, dt. Journalist und Showmaster 45, 105, 118
Lessing, Gotthold Ephraim, 1729-1781, dt. Dichter und Kritiker 126, 137 f., 154
Levi, Primo, 1919-1987, ital. Chemiker und Schriftsteller 117
Lichtenberg, Georg Christoph, 1742-1799, dt. Physiker, Philosoph und Aphoristiker 11, 18, 23, 33, 41, 50, 59, 63, 68, 76, 86, 121, 131, 141 f., 154
Liebig, Justus von, 1803-1873, dt. Chemiker 151
Lohberger, Hans, 1920-1979, österr. Aphoristiker, Lyriker, Erzähler, Romanautor 109

Lorenzen, Paul, *1915–1994, dt. Philosoph und Mathematiker 13
Lowell, Robert, 1819–1891, amerik. Schriftsteller 134
Luhmann, Niclas, 1928–1998, dt. Soziologe 125
Lukian, um 120–180, griech. Schriftsteller 143
Luxemburg, Rosa, 1870–1919, dt. Politikerin 42
Lynd, Robert, 1879–1949, engl. Publizist 45
Machiavelli, Niccolò, 1469–1527, ital. Staatsmann und Geschichtsschreiber 14
Magritte, René, 1898–1967, belg. Maler 47
Mailer, Norman, *1923, amerik. Schriftsteller 20, 87
Mann, Thomas, 1875–1955, dt. Schriftsteller 110, 115
Marcuse, Ludwig, 1894–1971, dt.-amerik. Literaturhistoriker und Philosoph 147
Markl, Hubert, *1938, dt. Biologe 110
Marquard, Odo, *1928, dt. Philosoph 96, 136
Marx, Groucho, 1890–1977, amerik. Komiker 34, 37, 128, 135
Maugham, William Somerset, 1874–1965, engl. Erzähler, Dramatiker 28, 92, 114
Mauriac, François, 1885–1970, franz. Romancier, 36
Mencken, Henry Louis, 1880–1956, amerik. Journalist und Autor 130
Metrodoros von Chios, 5. Jhdt. v. Chr., Schüler des Demokrit 150
Mies van der Rohe, Ludwig, 1886–1969, belg. Architekt 147
Mikes, George, 1912–1987, brit.-ungar. Schriftsteller 32, 126
Miller, Henry, 1891–1980, amerik. Schriftsteller und Maler 45
Milton, John, 1608–1674, engl. Dichter 40
Mitsch, Werner, *1936, dt. Schriftsetzer und Aphoristiker, Autor von Sprüchen 15, 21, 23f., 31, 33f., 40, 47, 50, 56, 64, 67f., 70, 74f., 78, 82f., 87, 91, 95, 98f., 103, 110ff., 114, 117, 121, 123, 126f., 129, 131f., 146, 150, 152, 157
Mohler, Alfred, *1925, schweiz. Unternehmensberater 15, 26, 43, 46, 49, 53, 75–78, 96, 106, 132, 134, 137, 153
Molnár, Franz (Ferenc), 1878–1952, ungar. Schriftsteller 29, 133
Montaigne, Michel Eyquem, Seigneur de, 1533–1592, franz. Essayist, Schriftsteller und Philosoph 25, 41, 52, 54, 75, 83, 106, 138, 142, 149
Montesquieu, Charles Baron de, eigentl. Charles de Secondat, Baron de la Brède et de Montesquieu, 1689–1755, franz. Schriftsteller 49, 68, 138

Montherlant, Henry Maria-Joseph Millon de, 1896-1972, franz. Schriftsteller 80
Morgenstern, Christian, 1871-1914, dt. Dichter 17, 34, 65, 73, 89, 141
Morris, eigentl. Maurice de Bévère, 1924-2001, belgischer Comic-Zeichner 109
Münzer, Richard, 1864-1930, dt. Aphoristiker 113
Multatuli, eigentl. Eduard Douwes Dekker, 1820-1887, holl. Dichter 83
Musil, Robert, 1880-1942, österr. Schriftsteller 17
Mutter Teresa, 1910-1997, alban. Ordensschwester, Friedensnobelpreis 1979 152
Nahr, Helmar, 1931-1990, dt. Mathematiker, Wirtschaftswissenschaftler und Aphoristiker 13, 17, 81, 85, 95
Nestroy, Johann Nepomuk, 1801-1862, österr. Dichter und Schauspieler 8, 10, 25, 41, 45, 56, 71, 83, 113, 115, 119, 121, 131, 156
Neuss, Wolfgang, 1923-1989, dt. Kabarettist und Schauspieler 62
Nietzsche, Friedrich Wilhelm, 1844-1900, dt. Philosoph 22, 25, 28, 58, 62, 82, 87, 124, 134, 148
Nikolaus von Kues (Cusanus), 1401-1464, dt. Scholastiker 54
Novalis, eigentl. Friedrich Leopold Freiherr von Hardenberg, 1772-1801, dt. Dichter 63
Ortega y Gasset, José, 1883-1955, span. Kulturphilosoph, Soziologe, Schriftsteller 38, 123, 127
Osborne, John, *1929, engl. Schriftsteller 18
Ovid, lat. Publius Ovidius Naso, 43 v.Chr.-ca. 17 n.Chr., röm. Dichter 146
Pagnol, Marcel, 1895-1974, franz. Schriftsteller, Filmautor und -regisseur 77, 83
Parkinson, Cyril Northcote, 1909-1993, engl. Historiker und Publizist 19, 92
Pascal, Blaise, 1623-1662, franz. Mathematiker, Philosoph, Schriftsteller 14f., 51 f., 54, 96, 105, 108, 130, 138
Pauli, Wolfgang, 1900-1958, österr.-amerik. Physiker 106
Pavese, Cesare, 1908-1950, ital. Schriftsteller 124
Petan, Zarko, *1944, slow. Aphoristiker 22 f., 59, 74, 78, 83, 85, 95 f., 136, 143, 154
Peter, Laurence J., 1919-1990, kanad. Pädagoge 28, 62, 113
Picard, Emile, 1856-1941, franz. Mathematiker 62

Picasso, Pablo, 1881-1973, span. Maler, Grafiker, Bildhauer, Keramiker und Dichter 10, 16, 71
Pinter, Harold, *1930, engl. Dramatiker 64
Platon, 427-347 v. Chr., griech. Philosoph 50, 99, 130
Plautus, vor 251-184 v. Chr., röm. Lustspieldichter 46
Plinius d. Ä., 23 od. 24-79, röm. Offizier und Gelehrter 52
Poe, Edgar Allan, 1809-1849, amerik. Schriftsteller 128
Polanski, Roman, *1933, poln.-franz. Regisseur und Schauspieler 148
Polgar, Alfred, 1873-1955, österr. Feuilletonist, Essayist, Theater- und Literaturkritiker 7, 37, 56, 58, 74, 77, 83, 107, 114
Pollak, Bernhard, 1872-1935, österr. Kriminalbeamter 10, 128
Pollak, Felix, 1909-1987, österr. Dichter 61
Popper, Sir Karl Raimund, 1902-1994, österr.-engl. Philosoph 11, 53, 58, 94, 103, 112, 125
Prokop, Ludwig, *1920, österr. Sportmediziner 118
Proust, Marcel, 1871-1922, franz. Erzähler 92f., 96
Pyrrhus, 319-272 v. Chr., König von Epirus 114
Pythagoras von Samos, ca. 570-480 v. Chr., griech. Mathematiker und Philosoph 22
Qualtinger, Helmut, 1928-1986, österr. Kabarettist 48, 83, 111, 126f.
Raabe, Wilhelm, 1831-1910, dt. Dichter 63, 76
Renard, Jules, 1864-1910, franz. Romanautor, Dramatiker, Essayist 8, 54, 74, 141, 144
Rickenbacker, Edward V., 1890-1973, amerik. Flugzeugunternehmer 86
Rilke, Rainer Maria, 1875-1926, dt. Dichter 77
Ringelnatz, Joachim, eigentl. Hans Bötticher, 1883-1934, dt. Schriftsteller 64
Rinser, Luise, 1911-2002, dt. Schriftstellerin 98
Rivarol, Antoine de, 1753-1801, franz. Schriftsteller 46, 137
Robespierre, Maximilien de, 1758-1794, franz. Revolutionär (Jakobiner) 38, 124
Roda Roda, Alexander, eigentl. Sandor Friedrich Rosenfeld, 1872-1945, österr. Romanautor 103
Rommel, Manfred, *1928, dt. Politiker 83, 122, 135
Roosevelt, Franklin Delano, 1882-1935, 32. Präsident der USA 102,
Rosegger, Peter, 1843-1918, österr. Erzähler 27, 137
Rosendorfer, Herbert, *1934, dt. Jurist und Schriftsteller 144

Rostand, Jean, 1894–1977, franz. Biologe 10
Rousseau, Jean-Jacques, 1712–1778, franz. Schriftsteller und Philosoph 76, 133
Rückert, Friedrich (Pseudonym Freimund Raimar), 1788–1866, dt. Dichter 152
Rühmann, Heinz, 1902–1994, dt. Schauspieler 8
Rumpf, Michael, *1948, dt. Pädagoge und Schriftsteller 6, 93, 147, 150
Russell, Bertrand Arthur William, Third Earl Russell, 1872–1970, engl. Mathematiker und Philosoph 97, 102, 106
Rychner, Max, 1897–1965, schweiz. Schriftsteller und Essayist 148
Sagan, Françoise, eigentl. Françoise Quoirez, *1933, franz. Schriftstellerin 20
Saphir, Moritz, 1795–1858, österr. Schriftsteller 78, 124
Sartre, Jean-Paul, 1905–1980, franz. Philosoph und Schriftsteller 16, 39, 42, 58, 63 f.
Satie, Erik, 1866–1925, franz. Komponist 62
Schaukal, Richard von, 1874–1942, österr. Lyriker, Erzähler und Essayist 155
Schiller, Friedrich von, 1759–1805, dt. Dichter 39
Schlegel, Friedrich, 1772–1829, dt. Philosoph 85
Schmidt, Lothar, *1922, dt. Jurist, Politologe und Aphoristiker 17, 21, 46, 61, 69, 83, 88, 93 ff., 105, 107, 129
Schneyder, Werner, *1937, österr. Kabarettist und Schriftsteller 66
Schnitzler, Arthur, 1862–1931, österr. Dramatiker 6, 29 f., 37, 59, 127
Schollack, Sigmar, *1930, dt. Schriftsteller und Aphoristiker 61
Schopenhauer, Arthur, 1788–1860, dt. Philosoph 21, 39, 46, 53, 87 f., 93, 109, 117, 145
Schubert, Franz, 1797–1828, österr. Komponist 58
Schützbach, Rupert, *1933, dt. Zöllner, Aphoristiker, Epigrammatiker 14, 42, 51, 78, 106, 147, 151
Schumpeter, Joseph Alois, 1883–1950, dt.-amerik. Nationalökonom 24, 62, 98
Schweitzer, Albert, 1875–1965, dt.-franz. Arzt und Philosoph 39, 65, 122
Seneca, Lucius Annaes, 4 v. Chr.–65 n. Chr., röm. Philosoph und Dichter 10, 17, 47, 105
Serner, Walter, 1889–1942, österr. Schriftsteller 18
Servan-Schreiber, Jean-Jacques, *1924, franz. Journalist und Politiker 134

Shaw, George Bernard, 1856–1950, ir. Schriftsteller und Dramatiker 18, 28, 53 f., 64, 67, 102, 107, 111, 126, 142
Simon, Hermann, *1947, dt. Wirtschaftswissenschaftler und Unternehmensberater 85
Singer, Isaac Bashevis, 1904–1991, amerik. Schriftsteller 85, 144, 148
Sirius, Peter, eigentl. Otto Kimmig, 1858–1913, dt. Gymnasiallehrer 30
Smiles, Samuel, 1812–1904, engl. Biograph und Sozialreformer 88
Snow, Charles Percy, 1905–1980, engl. Physiker und Schriftsteller 70
Sokrates, 470–399 v. Chr., griech. Philosoph und Lehrer 57, 112, 150
Sophokles, um 496–406, griech. Dichter 47
Spaak, Paul-Henri, 1899–1972, belg. Politiker 24
Spencer, Herbert, 1820–1903, engl. Philosoph und Psychologe 112
Sperber, Manès, 1905–1984, franz. Schriftsteller österr. Herkunft 154
Spitzer, Daniel, 1835–1893, österr. Satiriker und Feuilletonist 65, 79
Starling, Ernest, 1866–1927, amerik. Arzt 11
Stead, Christina, 1902–1983, austr. Schriftstellerin 113
Steinbeck, John, 1902–1968, amerik. Schriftsteller 13, 154
Steinberg, Saul, *1914, rumän.-amerik. Zeichner 60
Stendhal, eigentl. Marie-Henri Beyle, 1783–1842, franz. Dichter 54
Sterne, Lawrence, 1713–1768, engl. Schriftsteller 29
Stevenson, Robert Louis Balfour, 1850–1894, schott. Schriftsteller 79, 111
Stifter, Adalbert, 1805–1868, dt. Dichter 83
Stoffel, Norbert, *1931, dt. Unternehmer, Aphoristiker 36, 52
Stolz, Robert, 1880–1975, österr. Komponist 138
Strauss, Ludwig, 1892–1953, dt. Schriftsteller 55, 84
Swift, Jonathan, 1667–1745, ir.-engl. Satiriker 129
Sylva, Carmen, eigentl. Königin Elisabeth von Rumänien, 1843–1916, dt. Dichterin 151
Syrus, Publilius, 1. Jhdt. v. Chr., röm. Mimendichter 97
Tacitus, Cornelius, 55–125, röm. Geschichtsschreiber 49
Talleyrand, Charles Maurice, Duc de, 1754–1838, franz. Staatsmann 99, 119, 144
Tati, Jacques, eigentl. J. Tatischeff, 1907–1982, franz. Regisseur und Schauspieler 84

Teilhard de Chardin, Pierre, 1881-1955, franz. Jesuit 55
Teller, Edward, 1908-2003, ungar.-amerik. Kernphysiker 91
Thoreau, Henry David, 1817-1862, amerik. Schriftsteller, Essayist 26, 105
Tolstoi, Leo Nikolajewitsch Graf, 1828-1910, russ. Schriftsteller, Dichter 150
Tomasi di Lampedusa, Giuseppe, eigentl. Giuseppe Tomasi, Herzog von Palma und Fürst von Lampedusa, 1896-1957, ital. Schriftsteller 126
Tschechow, Anton, 1860-1904, russ. Schriftsteller 26, 31
Tschechowa, Olga, 1897-1980, dt. Schauspielerin 81
Tschopp, Charles, 1899-1982, schweiz. Aphoristiker 93, 134
Tucholsky, Kurt, mehrere Pseudonyme, 1890-1935, dt. Schriftsteller, Satiriker 23, 39, 43, 60, 74, 78, 101, 107, 113, 116
Tuwim, Julian, 1894-1953, poln. Lyriker, Satiriker und Kabarettist 8, 80, 104, 130
Twain, Mark, eigentl. Clemens Samuel Langhorne, 1835-1910, amerik. Schriftsteller und Humorist 13, 39f., 46, 50, 79, 86, 109, 114, 117, 144, 155
Tzara, Tristan, 1896-1963, ital.-franz. Schriftsteller (Dadaist) 99
Uhlenbruck, Gerhard, *1929, dt. Immunbiologe, Hochschullehrer und Aphoristiker 11 f., 14, 16f., 30, 32, 34f., 39, 48f., 53, 57, 60, 68, 74f., 77ff., 84, 86f., 88, 90, 96, 100, 106, 117, 119, 122, 127, 133, 135, 137, 141, 146, 151, 154
Ullmann, Liv, *1939, schwed. Schauspielerin 32
Unamuno y Jugo, Miguel de, 1864-1936, span. Schriftsteller und Philosoph 87
Ustinov, Sir Peter Alexander, 1921-2004, engl. Schauspieler und Schriftsteller 37, 60, 86, 109, 115, 118
Valentin, Karl, eigentl. Valentin Fey, 1882-1948, dt. Humorist und Schriftsteller 6, 15, 41, 61, 89, 114, 132, 152, 154, 157
Valéry, Paul, 1871-1945, franz. Dichter 26, 42, 66, 69, 72, 82, 84, 92
Varnhagen von Ense, Rahel, 1772-1833, dt. Schriftstellerin 119
Vergil, Publius Virgilius Maro, 70-19 v. Chr., röm. Dichter 106
Virchow, Rudolf, 1821-1902, dt. Arzt 69
Voltaire, eigentl. François-Marie Arouet, 1694-1778, franz. Philosoph und Dichter 11, 63, 100, 124, 127

Waggerl, Karl Heinrich, 1897–1973, österr. Schriftsteller 14 ff., 24, 29 f., 33, 51, 55, 61, 67, 84, 119, 127, 129, 139, 144, 147
Walser, Martin, *1927, dt. Schriftsteller 69, 75, 120, 144
Walser, Robert, 1878–1956, schweiz. Schriftsteller 15, 86
Walters, Hellmut, 1930–1985, dt. Schriftsteller, Pädagoge, Aphoristiker 120, 130, 140
Watt, James, 1736–1819, engl. Ingenieur und Erfinder 81
Watzlawick, Paul, *1921, österr.-amerik. Psychotherapeut 67
Weber, Karl Julius, 1767–1832, dt. Jurist, Satiriker, Privatgelehrter 120, 130
Wedekind, Frank, 1864–1918, dt. Dichter 155
Weinberg, Steven, *1933, amerik. Physiker, Nobelpreis 1979 131, 154
West, Nathanael, eigentl. Nathan W. Weinstein, 1903–1940, amerik. Autor 17
Whitehead, Alfred North, 1861–1947, engl. Philosoph und Mathematiker 26
Wilde, Oscar, 1856–1900, engl.-ir. Schriftsteller und Dramatiker 5, 7, 18, 25, 30, 33, 44, 46 ff., 64 f., 70 f., 79 f., 84, 88, 91, 91, 93, 101, 140, 144, 153
Wilder, Thornton Niven, 1897–1975, amerik. Schriftsteller 29, 103
Witter, Ben, 1920–1993, dt. Journalist und Schriftsteller 29
Wittgenstein, Ludwig, 1889–1951, österr.-engl. Philosoph 36, 97
Wright, Frank Lloyd, 1869–1947, amerik. Architekt 145
Wright, Wilbur, 1867–1912, amerik. Flugtechniker 34
Zuckmayer, Carl, 1896–1977, dt. Schriftsteller, Dramatiker 147

Für einige Persönlichkeiten aus Vergangenheit und Gegenwart waren Lebensdaten leider nicht zu ermitteln.

Das zynische Wörterbuch

Ein Alphabet harter Wahrheiten
zugemutet von Jörg Drews & Co

179 Seiten. RBL 20069. € 8,90

ISBN 3-379-20069-7

»Die giftigsten Bonmots großer Dichter und Denker finden sich hier in einem Dictionnaire der etwas anderen Art. Passen Sie bloß auf, dass es nicht Ihren Feinden in die Hände fällt! Ein Gegenmittel gibt es nicht.«
Rheinischer Merkur

»Dem Herausgeber ist offenbar nichts heilig – aber seine Sammlung stimuliert zustimmendes philosophisches Gelächter, das muss man ihm lassen.«
Badische Zeitung

RECLAM
LEIPZIG